AF533592

Outdoor-Experimente

für Vorschulkinder

AUSPROBIEREN + STAUNEN + VERSTEHEN

circon

Impressum

© Circon Verlag GmbH
Baierbrunner Straße 27, 81379 München
Ausgabe 2023

Alle Rechte vorbehalten. Nachdruck, auch auszugsweise, nur mit ausdrücklicher Genehmigung des Verlages gestattet. Alle Angaben wurden sorgfältig recherchiert, eine Garantie bzw. Haftung kann jedoch nicht übernommen werden.

Text: Birgit Kuhn
Illustrationen: Ilonka Baberg
Redaktion: Jennifer Döhring
Produktion: Ute Hausleiter
Abbildungen: siehe Bildnachweis S. 111
Titelabbildungen: shutterstock: isak55 (Blätter oben), mexrix (Tisch unten), Aleksandar Dickov (Schnecke), Katerina Davidenko (Doodles), artnLera (Doodles); Ilonka Baberg (Illustrationen)
Umschlag- und Layoutgestaltung: Agentur Nemetz, Offingen

ISBN 978-3-8174-4286-7
381744286/1

Besuchen Sie uns auf Instagram und Facebook: circonverlag

www.circonverlag.de

Vorwort

Liebe Forscherin, lieber Forscher,

egal ob im Garten, im Park, am Strand oder im Wald – in der Natur gibt es viel Spannendes zu entdecken. Wie entstehen Wind und Wellen? Warum ist der Regenbogen bunt? Kann schmutziges Wasser wieder sauber werden? Warum wachsen Wurzeln nach unten und Blätter zum Licht?

Mit unseren Experimenten findest du heraus, was dahintersteckt!

In diesem Buch warten viele spannende Experimente rund um Tiere und Pflanzen, Wasser, Wind und Luft sowie Energie, Feuer und Licht auf dich.

Alle Versuche sind prima geeignet, um sie auf dem Balkon, der Terrasse oder im Garten durchzuführen. Mit einem Freund oder einer Freundin machen sie noch mehr Spaß!

Vorsicht!

Die meisten Experimente sind nicht besonders kompliziert. Aber manchmal kommen dabei gefährliche Dinge wie Messer, Scheren und Feuer zum Einsatz. Bitte zeige diese Experimente immer zuerst deinen Eltern und frage sie, ob du sie alleine machen darfst oder ob es besser ist, dass sie dich unterstützen.

Inhaltsverzeichnis

EXPERIMENTE MIT PFLANZEN

EXPERIMENTE MIT TIEREN

EXPERIMENTE MIT WASSER

EXPERIMENTE MIT WIND UND LUFT

EXPERIMENTE MIT THERMISCHER ENERGIE, FEUER UND LICHT

Warum bewegen sich die Schuppen von Baumzapfen?

Das brauchst du

- ein paar Baumzapfen
- wasserfeste Unterlage
- 1 Sprühflasche
- Wasser

Sammelst du gerne Zapfen? Manchmal sind die Schuppen dicht aneinandergepresst, manchmal spreizen sie sich voneinander ab. Was steckt dahinter?

Mache dazu diesen Versuch

1. Sammele trockene Zapfen und lege sie auf eine wasserfeste Unterlage.
2. Fülle Wasser in die Sprühflasche und besprühe die Zapfen damit.

Nach kurzer Zeit bewegen sich die Schuppen nach innen, bis sie dicht aneinander liegen.

Das steckt dahinter!

Wenn die Luft trocken ist, öffnen sich die Zapfen. Dann fallen die Samen, die zwischen den Schuppen liegen, heraus und werden weggeweht – bis zu 100 Meter weit. Wenn es neblig ist oder regnet, schließen sich die Zapfen. Samen mit zarten Flügeln sind dann vor Feuchtigkeit geschützt.

Das brauchst du

- 1 Kiefernzapfen
- 1 Stück Karton
- Klebstoff
- Stifte
- 1 Zahnstocher

Kann ein Kiefernzapfen das Wetter vorhersagen?

An Kiefernzapfen kannst du nicht nur sehen, wie das Wetter gerade ist. Weil sich die Zapfen vor einem Regen schließen, kannst du damit das Wetter sogar vorhersagen!

Mache dazu diesen Versuch

1. Knicke den Karton in der Mitte. Eine Hälfte ist die Unterlage, die andere Hälfte ist die Rückwand.
2. Klebe den Kiefernzapfen auf der Unterlage direkt vor der Rückwand fest.
3. Warte, bis der Kiefernzapfen geöffnet ist. Klebe den Zahnstocher innen in eine Schuppe des Zapfens, sodass er wie ein Zeiger nach außen zeigt. Der Zahnstocher sollte parallel zur Rückwand befestigt werden.
4. Markiere die Stelle auf der Rückwand des Kartons, auf die der Zeiger deutet, mit einer Sonne.

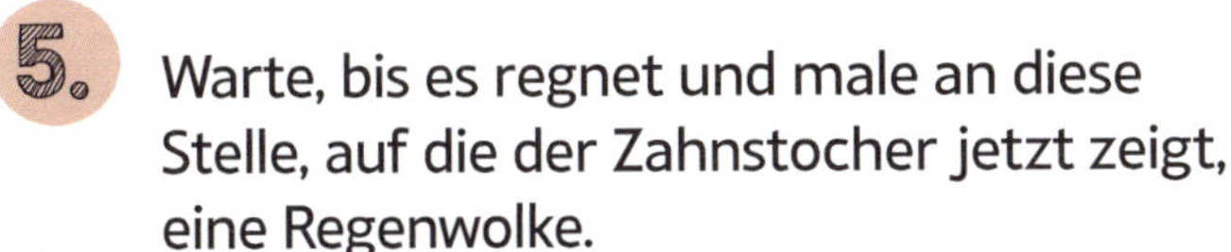

5. Warte, bis es regnet und male an diese Stelle, auf die der Zahnstocher jetzt zeigt, eine Regenwolke.

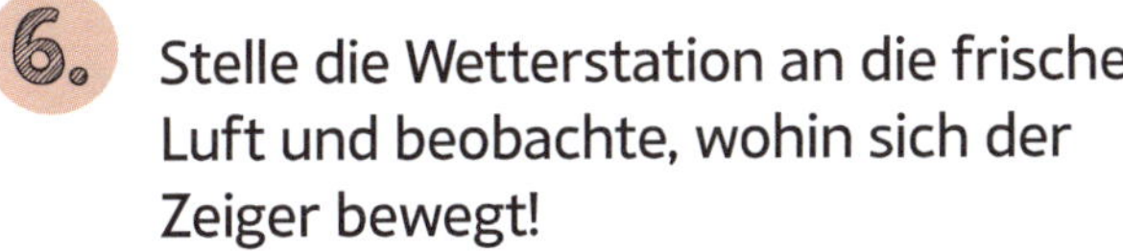

6. Stelle die Wetterstation an die frische Luft und beobachte, wohin sich der Zeiger bewegt!

Schon einige Zeit, bevor es zu regnen anfängt, wird die Luft feucht. Kiefernzapfen reagieren auf die Luftfeuchtigkeit: Die Schuppen krümmen sich nach innen und die Zapfen schließen sich. Deshalb kannst du mit einem Blick auf deine Wetterstation schon Stunden im Voraus sagen, ob es bald regnen wird.

Das steckt dahinter !

Die Schuppen des Kiefernzapfens öffnen sich bei trockener Luft und schließen sich bei feuchter Luft. Wenn die Zapfen geschlossen sind, bleiben die Samen trocken. Sie öffnen sich, wenn die Luft trocken ist. Dann können die Samen herausfallen und sich verbreiten.

Das brauchst du

- 1 Tüte Gips
- 1 Gipsbecher aus Gummi
- Wasser
- 1 Handvoll getrocknete Bohnen oder Erbsen
- 1 großen, stabilen Plastikbecher (etwa 0,5 Liter)
- 1 schmales Stück Holz zum Anrühren des Gipses

Wie stark sind Pflanzen?

Ist dir das auch schon aufgefallen: Am Straßenrand, wo die Teerdecke oft ein bisschen dünner ist, wachsen manchmal Blumen, vor allem Löwenzahn. Es sieht so aus, als ob die Löwenzahn-Pflanzen den Straßenbelag durchbrochen hätten. Ist das möglich? Sind Pflanzen wirklich so stark?

Mache dazu diesen Versuch

1. Bitte einen Erwachsenen, mit dir den Gips mit Wasser im Gipsbecher anzurühren. Achtet dabei auf die Angaben des Herstellers.

2. Gib die Bohnen oder Erbsen in die Gipsmasse und verrühre die Masse gut.
3. Fülle die Gipsmasse mit den Samen in den Plastikbecher und stelle den Becher zum Trocknen zur Seite.
4. Warte ein paar Tage und beobachte, was passiert.

Was passiert?

Während der Gips trocknet und fest wird, entstehen immer mehr Risse in der Masse. Am Ende platzt der Becher.

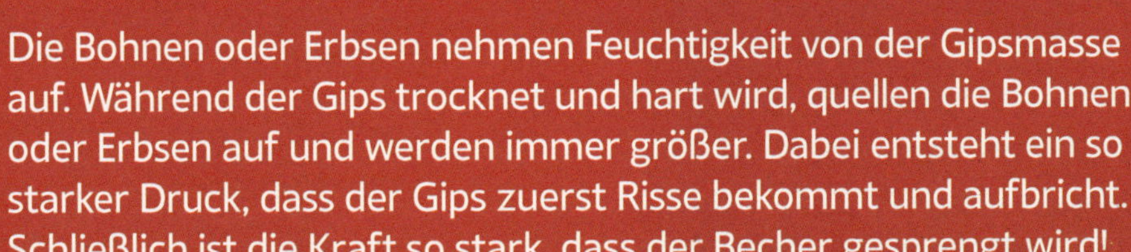

Das steckt dahinter !

Die Bohnen oder Erbsen nehmen Feuchtigkeit von der Gipsmasse auf. Während der Gips trocknet und hart wird, quellen die Bohnen oder Erbsen auf und werden immer größer. Dabei entsteht ein so starker Druck, dass der Gips zuerst Risse bekommt und aufbricht. Schließlich ist die Kraft so stark, dass der Becher gesprengt wird!

Ähnliches geschieht auch beim Löwenzahn, der aus Asphalt herauswächst. Das kommt daher, dass Löwenzahn-Samen in kleine Risse im Asphalt gelangen. Dort keimen sie und nehmen Wasser auf. Durch das wachsende Pflänzchen entsteht in dem Riss ein sehr hoher Druck. Er kann dazu führen, dass der Spalt immer größer wird, sodass es aussieht, als ob die Pflanze den Asphalt durchbricht.

Das brauchst du

- 1 Korken
- Klebstoff
- 1 Schraubglas mit Deckel
- 1 Schere
- Draht
- 1 kleiner Gummiring
- 1 getrocknete Bohne (Samen)
- Wasser
- 1 Wattepad

Wachsen Wurzeln immer nach unten?

Was passiert, wenn du eine Blumenzwiebel schief oder sogar verkehrt herum einpflanzt? Nach oben oder unten – in welche Richtung wachsen die Wurzeln dann? Wie ist es bei Samen? Mit dem Experiment findest du es heraus!

Mache dazu diesen Versuch

1. Klebe den Korken mit Klebstoff in die Mitte der Innenseite des Deckels.
2. Schneide mit der Schere ein etwa fünf Zentimeter langes Stück Draht ab.
3. Stülpe den Gummiring über die Bohne und befestige die Bohne damit an der Drahtspitze. Wenn du keinen Gummiring hast, kannst du die Spitze des Drahtes auch direkt in die Bohne stecken.
4. Stecke das andere Ende des Drahtes in den Korken.

5. Gib etwas Wasser auf das Wattepad und lege es in das Schraubglas.

6. Drehe den Deckel auf das Schraubglas. Stelle es einige Tage an einen warmen und hellen Platz, zum Beispiel auf ein Fensterbrett.

7. Warte ein paar Tage und kontrolliere: Nach zwei bis drei Tagen wächst aus der Bohne eine weiße Spitze. Das ist die Wurzel. Sie wächst jeden Tag ein Stück weiter, und zwar nach unten.

8. Drehe das Glas nach sieben Tagen.

Die Wurzel krümmt sich. Schau genau: Sie wächst wieder nach unten!

Das steckt dahinter !

Wurzeln wachsen immer nach unten. Pflanzen „fühlen" die Schwerkraft in speziellen Zellen in den Wurzelspitzen. Die Schwerkraft ist die Kraft, mit der alles zu Boden, das heißt nach unten, gezogen wird. Es spielt also keine Rolle, wie in welcher Ausrichtung du Samen und Zwiebeln in ein Pflanzloch legst.

Das brauchst du

- 1 Blumentopf mit Substrat, am besten torffreie Erde
- 1 Untersetzer
- 3 getrocknete Bohnen (Samen)
- 1 Gießkanne mit Wasser
- 1 mittelgroßer Karton
- Cuttermesser
- Klebeband

Wie wichtig ist Licht für Pflanzen?

Können Pflanzen ohne Licht wachsen? Wie sehr brauchen sie das Licht? Finde es mit diesem Experiment heraus! Weil du dabei mit einem Cuttermesser arbeitest, solltest du dir von einem Erwachsenen helfen lassen.

Mache dazu diesen Versuch

1. Fülle den Blumentopf mit Substrat und stelle ihn auf den Untersetzer.
2. Bohre mit einem Finger drei etwa zwei Zentimeter tiefe Löcher in das Substrat und stecke in jedes Loch eine Bohne.

3. Gib auf die Bohnensamen etwas Substrat und gieße das Ganze.

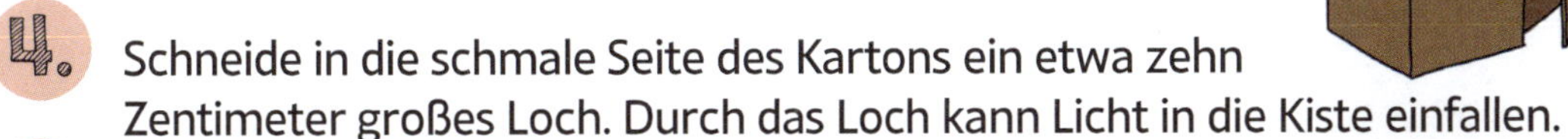

4. Schneide in die schmale Seite des Kartons ein etwa zehn Zentimeter großes Loch. Durch das Loch kann Licht in die Kiste einfallen.

5. Gib nun den Topf mit den Samen in den Karton und verschließe diesen gut.. Achte darauf, dass kein Licht in den Karton eindringen kann.

6. Stelle die Kiste an einen warmen Ort und gieße die Pflanze regelmäßig.

7. Nach etwa zehn Tagen keimen die Bohnen und es wachsen nach und nach die Triebe. Wohin wachsen die Triebe? Warte noch einige weitere Tage und beobachte, was passiert.

Was passiert?

Die Bohnentriebe wachsen aus dem Loch des Kartons!

Das steckt dahinter

Um zu wachsen, brauchen Pflanzen Energie. Diese Energie bekommen die Pflanzen durch Licht. Am Anfang, wenn sie keimen, haben sie noch genug Energie aus den Samen. Doch um weiter wachsen zu können, müssen sie ans Licht kommen. Die Bohnen wachsen also in die Richtung, aus der das Licht kommt. Dabei „suchen" sie immer den kürzesten Weg zum Licht. Wenn Pflanzen im Zimmer schief wachsen, kann es daran liegen, dass sie an einem Platz stehen, der für sie zu dunkel ist. Sie wachsen daher in Richtung des Lichts, das durch das Fenster fällt. Es hilft, wenn du die Pflanze ab und zu drehst. Oder noch besser – stell sie auf ein Fensterbrett, näher ans Licht!

Woher kommt die Luft, die wir zum Atmen brauchen?

Das brauchst du

- 1 großes Glas, zum Beispiel ein Gurkenglas
- 1 größere Wasserpflanze aus einer Tierhandlung, zum Beispiel Wasserpest oder Quellmoos
- Wasser

Wenn du lange in deinem Zimmer warst, ohne das Fenster aufzumachen, fühlt sich die Luft nicht mehr so gut an. Kein Wunder, du hast viel Sauerstoff verbraucht! Nicht nur wir Menschen, auch Tiere brauchen Sauerstoff zum Atmen. Aber woher kommt der Sauerstoff? Von den Pflanzen! Mit diesem Experiment kannst du sehen, wie Pflanzen Sauerstoff machen.

Mache dazu diesen Versuch

1. Fülle das Glas bis etwa zwei Zentimeter unter den Rand mit Leitungswasser.

2. Stelle das Glas auf die Fensterbank. Achte darauf, dass es viel Sonnenlicht abbekommt.

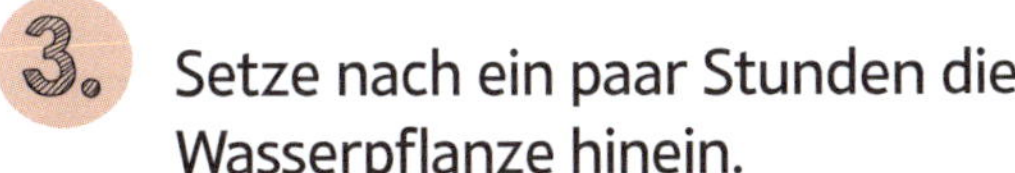

3. Setze nach ein paar Stunden die Wasserpflanze hinein.

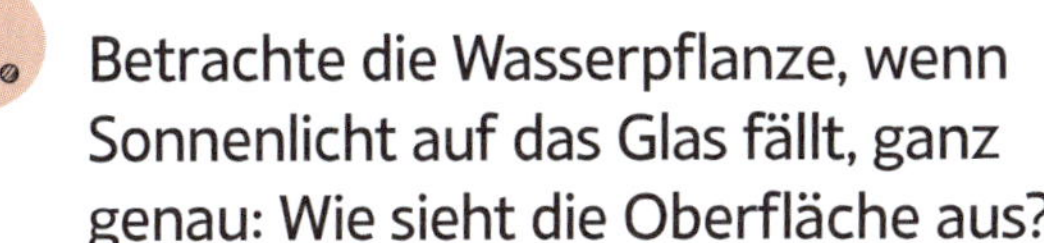

4. Betrachte die Wasserpflanze, wenn Sonnenlicht auf das Glas fällt, ganz genau: Wie sieht die Oberfläche aus?

Es befinden sich Gasbläschen auf der Wasserpflanze, die in der Sonne glitzern!

Große Bäume erzeugen besonders viel Sauerstoff. Deshalb sind Gärten und Parks in Städten so wichtig.

Das steckt dahinter !

Die Gasbläschen bestehen aus Sauerstoff. Woher kommen sie? Wenn Pflanzen – egal, ob im Wasser oder an Land – wachsen, nutzen sie dazu Licht, Wasser und Kohlenstoffdioxid. Kohlenstoffdioxid ist – wie Sauerstoff – ein Gas. Es ist nicht nur in der Luft, sondern auch im Wasser enthalten. Wenn die Sonne scheint, wandeln Pflanzen Kohlenstoffdioxid in Stärke und Sauerstoff um. Im Wasser kannst du den Sauerstoff sehen. Es sind die kleinen Bläschen auf den Pflanzen! Sie bleiben nicht im Wasser. Wenn sie größer werden, steigen sie auf, kommen an die Wasseroberfläche und schließlich in die Luft. Dann kannst du den Sauerstoff einatmen!

Das brauchst du

- 1 hohes Glas
- mehrere Blumen mit langen Stängeln, zum Beispiel Löwenzahn
- Wasser

Warum lassen Blumen manchmal die Köpfe hängen?

Wenn du einen Blumenstrauß pflückst, kann es passieren, dass er am Ende nicht besonders schön aussieht. Die Stängel biegen sich und die Blüten neigen sich nach unten. Warum? Dieses Experiment gibt dir die Antwort darauf!

Mache dazu diesen Versuch

1. Stelle die Blumen in das Glas und warte, bis die Blumen sich nach unten neigen.

2. Fülle das Glas mit Wasser.

Was passiert?

Die Blumen richten sich wieder auf.

Das steckt dahinter

Pflanzen bestehen aus Zellen, die mit Wasser gefüllt sind. Wenn Pflanzen kein Wasser bekommen, verdunstet das Wasser aus den Zellen und sie werden kleiner. Die Pflanzen sind nicht mehr stabil und neigen sich nach unten. Wenn du sie dann ins Wasser stellst, füllen sich die Zellen mit Wasser und die Pflanzen werden wieder stabil. Das funktioniert aber nur, wenn die Pflanzen noch nicht zu stark durch den Wassermangel geschädigt sind. Außerdem dürfen die Kanäle, die das Wasser zu den Zellen transportieren, nicht durch Luftblasen verstopft sein. Wenn das passiert ist, hilft es manchmal, die Stängel zu kürzen.

Das brauchst du

- 1 Gänseblümchen-Pflanze in einem Topf

Warum schließen sich Gänseblümchen-Blüten am Abend?

Wie merken Gänseblümchen, dass es dunkel wird und sie „schlafen" müssen? Haben sie etwa Augen? Finde es selbst heraus!

Mache dazu diesen Versuch

1. Nimm die Gänseblümchen-Pflanze in dein Zimmer und lasse das Licht am Abend an.
2. Schau genau hin!

Auch wenn es im Zimmer hell ist, öffnet und schließt das Gänseblümchen seine Blüte zur gleichen Zeit wie die Gänseblümchen draußen.

Das steckt dahinter!

Gänseblümchen haben natürlich keine Augen! Viele Blühpflanzen haben eine Art innere Uhr. Diese sagt ihnen, wann sie ihre Blüten öffnen und schließen sollen. Auch bei Regen bleiben die Blüten häufig zu. Warum ist das so? Die Blüten vieler Pflanzen dienen dazu, Insekten anzulocken. Wenn sie von Blüte zu Blüte schwirren, übertragen sie den Blütenstaub von einer Pflanze zur anderen. Das brauchen die Pflanzen, um Samen bilden zu können und sich zu vermehren. Wenn keine Insekten fliegen, die diese Aufgabe erledigen können, ist es besser, wenn das Blüteninnere vor Wind und Wetter geschützt ist.

Das brauchst du

- 2 Gläser
- Wasser
- blaue und rote Tinte
- 1 Löffel
- Blumen mit weißen Blüten, zum Beispiel Margeriten, Tulpen, Nelken oder Rosen
- 1 Messer
- 1 Schneidebrett

Wie „trinken" Pflanzen?

Wie nehmen Pflanzen Wasser auf, um nicht zu verdursten? Mit unserem Experiment kommst du dem Rätsel auf die Spur!

Mache dazu diesen Versuch

1. Fülle ein Glas mit Wasser und gib blaue Tinte dazu. Rühre um, bis sich das Wasser gleichmäßig verfärbt hat.

2. Schneide die Blumen mithilfe eines Erwachsenen unten schräg an und stelle alle bis auf eine Blume in das Glas.

Was passiert?

Nach einer Weile siehst du, dass sich die Blüten bläulich verfärben.

So geht der Versuch weiter

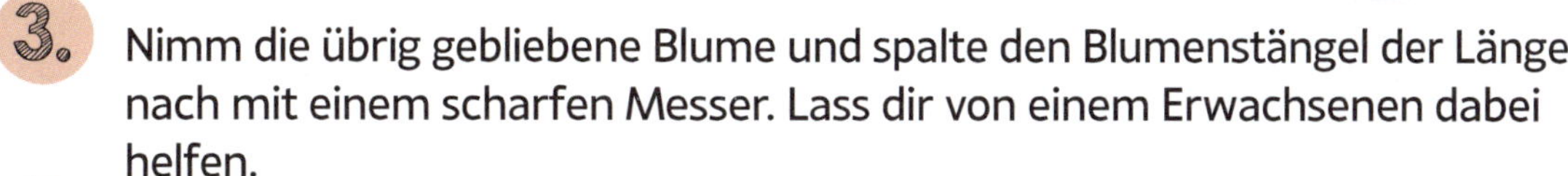

3. Nimm die übrig gebliebene Blume und spalte den Blumenstängel der Länge nach mit einem scharfen Messer. Lass dir von einem Erwachsenen dabei helfen.

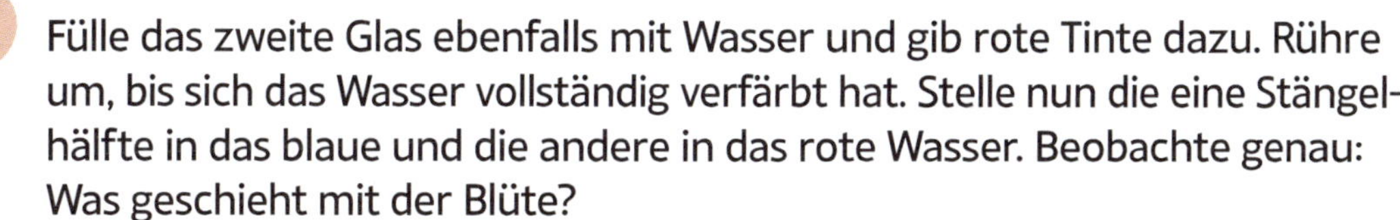

4. Fülle das zweite Glas ebenfalls mit Wasser und gib rote Tinte dazu. Rühre um, bis sich das Wasser vollständig verfärbt hat. Stelle nun die eine Stängelhälfte in das blaue und die andere in das rote Wasser. Beobachte genau: Was geschieht mit der Blüte?

Auf der Seite, wo sich der Stängel im blauen Wasser befindet, färbt sich die Blüte blau, auf der Seite, wo der Stängel im roten Wasser steckt, färbt sie sich rot.

Das steckt dahinter!

Pflanzen nehmen über die Wurzeln Wasser aus dem Boden auf. Danach wird es durch die Stängel bis in die oberen Pflanzenteile transportiert. In den Stängeln sind sehr dünne Röhrchen, in denen das Wasser wie durch eine Wasserleitung aufsteigt. Dass das Wasser bis in die Blüten- und Blattspitzen kommt, siehst du an der Färbung der Blüten. Sobald es dort oben angekommen ist, verdunstet ein Teil des Wassers. Dadurch entsteht in den Röhrchen ein Sog, der Wasser von unten anzieht. Es steigt laufend Wasser im Stängel auf. Wenn du dir die Blüten ganz aus der Nähe anschaust, kannst du die feinen Kanäle, durch die das Wasser transportiert wird, erkennen.

Was braucht ein Samenkorn zum Keimen und Wachsen?

Hast du ein paar Samentütchen zu Hause, vielleicht von Kresse oder Sonnenblumen? Du kannst sie wochen- oder sogar monatelang in den Tütchen aufbewahren, ohne dass sie keimen. Kein Wunder, in den Tütchen gibt es keine Erde, kein Wasser und auch kein Licht. Aber auch in der Natur, wo all das vorhanden ist, dauert es, bis aus einem Samen eine Pflanze wächst. Warum? Oder, anders gefragt: Erde, Wasser, Licht – was braucht ein Samenkorn, damit es keimen und zu einer Pflanze heranwachsen kann?

Das brauchst du

- 4 Blumentöpfe
- 4 kleine Stücke Karton zum Abdecken der Abzugslöcher
- Substrat, am besten torffreie Erde
- 4 Untersetzer, am besten aus Keramik
- 8 Samen von schnell keimenden Pflanzen, zum Beispiel Bohnen
- 1 wasserfesten Stift
- 1 Gießkanne mit Wasser
- 1 Stück Karton zum Abdecken eines Blumentopfs

Mache dazu diesen Versuch

1. Lege auf die Abzugslöcher der Blumentöpfe je ein kleines Stück Karton.
2. Fülle die vier Blumentöpfe mit Substrat und stelle sie auf die Untersetzer.

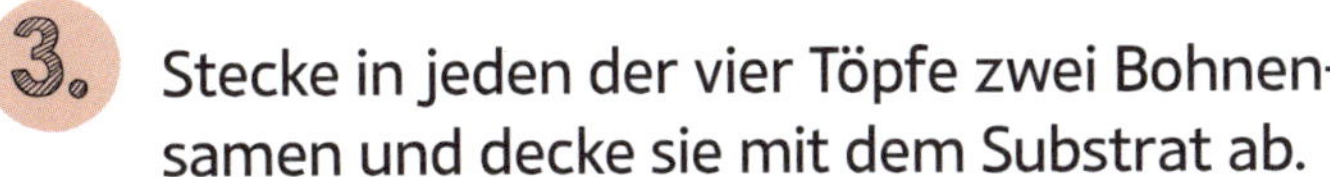

3. Stecke in jeden der vier Töpfe zwei Bohnensamen und decke sie mit dem Substrat ab.

4. Bitte einen Erwachsenen, die Töpfe mit einem wasserfesten Stift zu nummerieren oder male anstatt der Zahlen Punkte wie bei einem Würfel. So kannst du die Töpfe unterscheiden.

5. Braucht ein Samenkorn Wasser, um zu keimen? Um das herauszufinden, stellst du den Topf mit der Nummer 1 beziehungsweise mit einem Punkt auf die Fensterbank. Gieße ihn nicht!

6. Braucht ein Samenkorn Licht, um zu keimen? Gieße den Topf mit der Nummer 2 und decke ihn mit dem Stück Karton ab.

Was braucht ein Samenkorn zum Keimen und Wachsen?

7. Braucht ein Samenkorn Wasser und Wärme, um zu keimen? Gieße den Topf mit der Nummer 3 und stelle ihn an einem warmen Ort ans Licht.

8. Was passiert, wenn ein Samenkorn Wasser bekommt, aber keine Wärme? Gieße den Topf mit der Nummer 4 und stelle ihn an einem kühlen Ort ans Licht.

Nach drei bis vier Tagen fangen die Samen in dem Topf Nummer 3 an zu keimen. Es wachsen Pflänzchen heran, die nach und nach größer werden.

Keimen und wachsen

Nicht alle Pflanzen brauchen zum Keimen genau die gleichen Bedingungen. Einige Pflanzen keimen erst, wenn es nach einer Kälteperiode wieder warm wird. Dadurch wird verhindert, dass die Pflanzen im Herbst keimen, wenn der Winter noch bevorsteht. Andere Pflanzen wiederum keimen nur, wenn die Samen direkt auf dem Boden liegen und Licht bekommen. Man nennt sie Lichtkeimer. Kresse gehört zu den Lichtkeimern. Eine weitere Gruppe sind Dunkelkeimer. Damit die Samen dieser Pflanzen wachsen können, müssen sie mit Erde bedeckt sein.

Das steckt dahinter !

Um heranwachsen zu können, brauchen Pflanzen Wärme, Wasser und Licht. Samen sind robust. Trotzdem keimen viele Pflanzen erst, wenn es warm ist. Das hat einen einfachen Grund: Die meisten Pflanzen vertragen keine kalten Temperaturen. Wasser benötigen die Samen, damit sie keimen können. Wenn der Samen Wasser aufnimmt, sprengt die Wurzel die Samenschale und die Keimblätter wachsen. Die dafür benötigte Energie ist in dem Samen enthalten. Um weiterwachsen zu können, produzieren die Pflanzen jetzt mithilfe von Licht und Wasser die benötigte Energie.

Können Pflanzen aus Pflanzenteilen nachwachsen?

Das brauchst du

- 1 Romana-Salat
- 1 Messer
- 1 Glas
- Wasser
- 1 Blumentopf mit Untersetzer
- 1 kleines Stück Karton
- etwas Substrat, am besten torffreie Erde
- 1 Gießkanne

Magst du Salat, zum Beispiel Blattsalat? Bevor du Salat isst, solltest du ihn waschen. Dabei löst du nach und nach die Blätter von dem Strunk, wäschst sie und schneidest sie klein. Je mehr Blätter du vom Strunk abtrennst, umso kleiner wird er. Du möchtest später nochmal Salat essen? Dann lass aus dem kleinen Strunk einen neuen Salat nachwachsen!

Mache dazu diesen Versuch

1. Schneide mit dem Messer den Salatkopf, sodass der Strunk etwa drei Zentimeter lang ist. Lass dir von einem Erwachsenen dabei helfen.

2. Fülle Wasser in das Glas und stelle den Strunk hinein.

3. Stelle das Glas an einen hellen, warmen Ort. Wechsle das Wasser alle drei Tage.

Nach ein paar Tagen wachsen aus dem Strunk kleine Blätter! Zwei Wochen später kannst du ihn in einen Blumentopf setzen. Gib zuerst das kleine Stück Karton auf das Abzugsloch des Blumentopfs, fülle Substrat hinein, setze den Strunk ein und gieße vorsichtig.

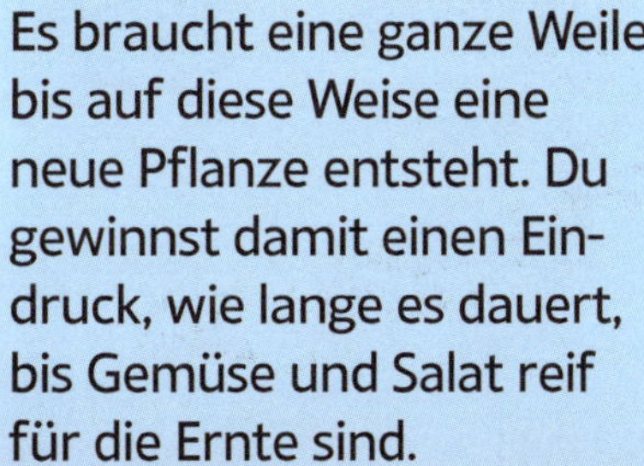

Es braucht eine ganze Weile, bis auf diese Weise eine neue Pflanze entsteht. Du gewinnst damit einen Eindruck, wie lange es dauert, bis Gemüse und Salat reif für die Ernte sind.

Das steckt dahinter !

Bei manchen Pflanzen können aus Pflanzenteilen neue Pflanzen wachsen. Dabei entstehen Pflanzen, die dieselben Eigenschaften haben wie die Ursprungspflanze. Beim Romana-Salat braucht man dazu den Strunk. Ebenso ist es bei Frühlingszwiebeln, Lauch, Zitronengras, Chinakohl und Stangensellerie. Bei Karotten oder Rote Bete wächst die Speicherwurzel nicht nach, es treiben nur die Blätter aus. Von der Kartoffel und Süßkartoffel können aus Stücken der Knolle neue Pflanzen wachsen.

Das brauchst du

- mehrere Bögen Zeitungspapier
- 1 kleine Metallschaufel
- 1 Becherlupe

Wie entsteht der Erdboden, auf dem die Pflanzen wachsen?

Strände sind felsig, steinig oder sandig. Dort gibt es kaum Pflanzen. Anders ist es auf einem Acker und im Wald. Dort ist der Boden eine braune, krümelige Masse. Man nennt diesen Boden Humus. Wie entsteht er?

Mache dazu diesen Versuch

1. Gehe in einen Wald oder einen Park und suche einen Laubbaum, unter dem noch Blätter vom Herbst liegen.
2. Breite einige Bögen Zeitungspapier aus.
3. Grabe ein wenig von der obersten Bodenschicht ab und lege sie in einem Häufchen auf die Zeitung.

4. Grabe etwas tiefer und mache neben das erste ein weiteres Erdhäufchen.

5. Grabe so tief, bis du zu der dunkelbraunen, festen Erdschicht kommst und mache ein drittes Häufchen.
6. Schau die drei Häufchen genau an.

Je tiefer du gräbst, umso mehr ähnelt die Masse der Erde, die du auf den Äckern siehst, dem Humus.

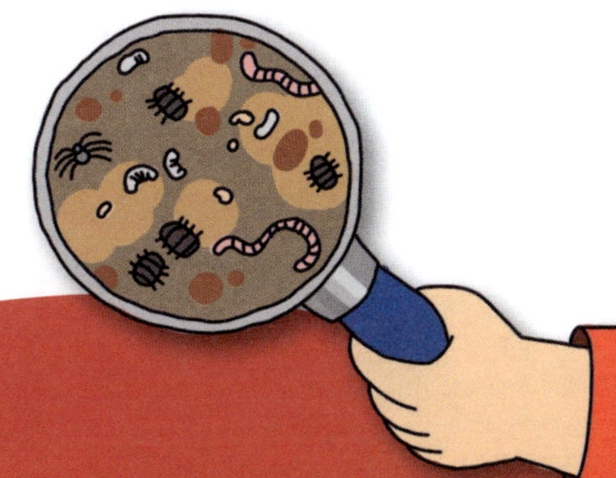

Das steckt dahinter !

Woraus entsteht Humus? Du vermutest bestimmt richtig: aus den alten Blättern. Je tiefer sie im Boden sind, umso länger liegen sie schon dort. Und umso mehr sind sie zu Humus verwandelt. Wie geschieht das? Schau mit der Lupe genau hin: In den Häufchen sind nicht nur ein paar Würmer zu sehen. Viele weitere Tiere leben dort, zum Beispiel Asseln, Spinnen, Schnecken und Käferlarven. Dazu kommen Bakterien und Pilze, die man nicht mit dem bloßen Auge sehen kann. Tiere, Bakterien und Pilze zerkleinern die Pflanzenreste immer weiter, bis daraus am Ende Humus entsteht.

* EXPERIMENTE MIT PFLANZEN *

Das brauchst du

- 1 Blattpflanze, zum Beispiel einen Johannisbeer-Busch
- 1 Schere
- 1 großes Glas mit Wasser
- 1 etwa 12 Zentimeter hohen Blumentopf aus Ton mit Untersetzer
- Substrat, am besten torffreie Erde
- 1 kleines Stück Karton
- Blähton oder Kieselsteine als Drainage
- 1 durchsichtige Frischhaltetüte aus Kunststoff
- 1 Stück Schnur
- 1 Gießkanne
- 1 Schaufel

Kann man aus einer Pflanze mehrere Pflanzen machen?

Ist dir das schon mal aufgefallen? Manchmal haben Büsche so viele Früchte, dass sich einzelne Zweige bis zum Boden biegen. Wenn der Zweig dann eine Weile auf dem Boden liegt, kann es passieren, dass er dort festwächst und so eine neue Pflanze entsteht. Willst du das selbst erleben? Dann probiere es aus!

Mache dazu diesen Versuch

1. Schneide einen etwa 8 bis 10 Zentimeter langen Trieb von einem Johannisbeer-Busch, einer Buntnessel oder einem Pfefferminz-Strauch ab. Verwende dazu eine stabile Schere und lass dir von einem Erwachsenen helfen.

2. Entferne die untersten Blätter.

3. Stelle den Trieb in das Glas mit Wasser. Jetzt musst du einige Wochen warten, bis Wurzeln aus dem Trieb wachsen. Fülle immer wieder Wasser nach, damit die Wurzeln nicht austrocknen.

4. Endlich, die Wurzeln sind da und bereits einige Zentimeter lang! Jetzt kannst du sie einpflanzen. Lege zuerst ein Stückchen Karton auf das Abzugsloch des Blumentopfs.

5. Fülle dann zwei bis drei Zentimeter Blähton oder Kiesel auf. Darauf gibst du dann bis etwa 1,5 Zentimeter unter dem Rand Substrat.

6. Bohre mit deinem Zeigefinger ein Loch in die Mitte des Blumentopfs und setze deinen Steckling vorsichtig hinein. Drücke ihn mit der umgebenden Erde leicht fest.

Kann man aus einer Pflanze mehrere Pflanzen machen?

7. Stelle den Topf auf den Untersetzer und stülpe eine durchsichtige Kunststofftüte darüber. Die Tüte hält die Pflanze feucht. Das ist wichtig, denn solange der Steckling noch nicht in der Erde verwurzelt ist, kann er nicht so gut Wasser über die Wurzeln aufnehmen. Befestige die Tüte rund um den Topf mit einer Schnur. Am besten, ein Erwachsener hilft dir dabei. Von nun an füllst du beim Gießen den Untersetzer mit Wasser.

Wenn die ersten neuen Blätter und Triebe wachsen, hat es dein Trieb geschafft und ist eine selbstständige Pflanze! Warte noch einige Tage, dann sind die Wurzeln im Blumentopf weiter gewachsen und die Pflanze ist stark genug, dass du die Kunststofftüte abnehmen und sie ins Freie setzen kannst.

Trickreiche Gärtner

Jeder Gärtner kennt die Vermehrungstricks der Pflanzen: Wenn man Pflanzen auf diese Art vermehrt, entstehen sehr viel schneller neue Pflanzen, als wenn man sie aussät!

Das steckt dahinter !

Viele Pflanzen können sich vermehren, ohne dass sie dazu Samen bilden müssen. Es reicht oft schon ein einzelner Trieb, der Wurzeln treibt, wie das Experiment gezeigt hat. Oder es kommen, wie bei einem Himbeer-Strauch, neben der Pflanze jede Menge weitere Triebe aus dem Boden, die nach und nach selbstständig wachsen.

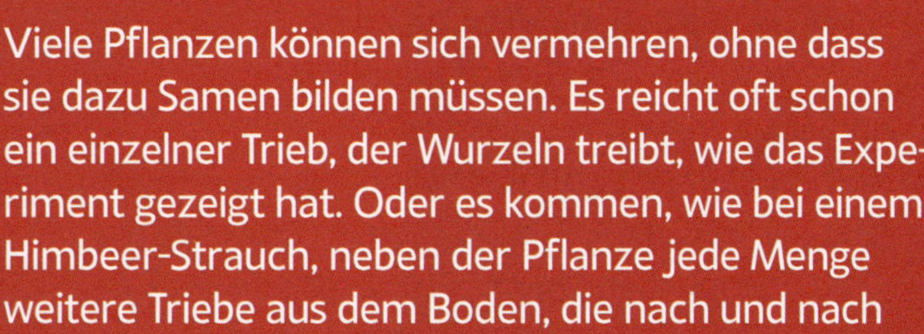

Viele Pflanzen vermehren sich auf diese oder eine ähnliche Art, zum Beispiel Kartoffeln: Wenn du eine Kartoffel in die Erde pflanzt, die Kartoffel-Pflanze austreibt und im Laufe der Zeit mehrere Kartoffeln in der Erde heranwachsen, dann schmecken diese neuen Kartoffeln genauso wie die Mutter-Kartoffel!

Das brauchst du

- 1 Regenwurm
- 1 Becherlupe
- 1 Brett mit einer glatten Oberfläche, zum Beispiel ein Frühstücksbrettchen, am besten aus Glas
- 1 Brett aus Holz mit einer rauen Oberfläche, zum Beispiel der Terrassentisch

Wie bewegen sich Regenwürmer fort?

Unter der Erde fühlen sich Regenwürmer am wohlsten. Dort graben sie jede Menge Gänge in die Erde. Nur wenn es regnet, kommen sie an die Oberfläche und du kannst beobachten, wie sie sich fortbewegen.

Mache dazu diesen Versuch

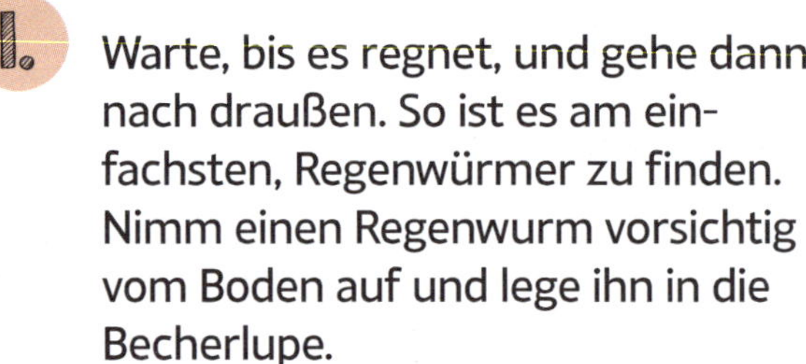

1. Warte, bis es regnet, und gehe dann nach draußen. So ist es am einfachsten, Regenwürmer zu finden. Nimm einen Regenwurm vorsichtig vom Boden auf und lege ihn in die Becherlupe.

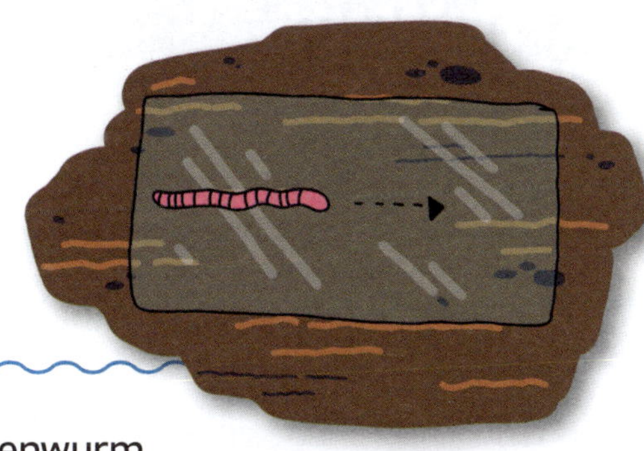

2. Jetzt machst du den Test: Lege den Regenwurm zuerst auf eine glatte Fläche, zum Beispiel auf ein Frühstücksbrettchen. Beobachte mit der Lupe, wie er sich fortbewegt.

3. Lege ihn dann auf ein Holzbrett mit einer rauen Oberfläche. Beobachte wieder sehr genau. Was siehst du?

Was passiert?

Auf der rauen Oberfläche kommt der Regenwurm viel besser voran als auf der glatten Oberfläche!

Achte darauf, dass dein Experiment nicht zu lange dauert. Wenn du fertig bist, bringst du den Regenwurm am besten wieder dorthin, wo du ihn gefunden hast.

Regen? Bäh!

Regenwürmer mögen keinen Regen! Wenn es regnet, laufen ihre Erdgänge mit Wasser voll und sie bekommen keine Luft mehr. Dann kriechen sie an die Oberfläche. Doch hier ist es gefährlich: Amseln, Igel und viele andere Tiere warten schon darauf, sie zu fressen!

Das steckt dahinter !

Der Körper des Regenwurms ist in Abschnitte unterteilt, die man Segmente nennt. Der Regenwurm kommt voran, indem er seine Segmente in Wellenbewegungen dehnt und zusammenzieht. Das kannst du bei dem Experiment gut beobachten. Damit er nicht ständig zurückrutscht, verankert er sich mit den Borstenhaaren im Erdreich. Deshalb kommt der Regenwurm bei deinem Experiment auf der rauen Oberfläche viel besser voran.

Wie bewegen sich Schnecken fort?

Das brauchst du

- mehrere Gehäuse-schnecken
- 1 große, durchsichtige Kunststoff-Schüssel

Schnecken kriechen. Wie machen sie das? Schau bei dem Experiment genau hin und du findest es heraus!

Mache dazu diesen Versuch

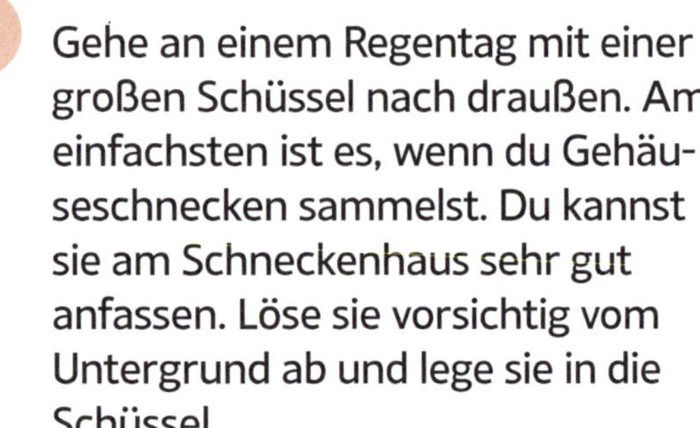

1. Gehe an einem Regentag mit einer großen Schüssel nach draußen. Am einfachsten ist es, wenn du Gehäuseschnecken sammelst. Du kannst sie am Schneckenhaus sehr gut anfassen. Löse sie vorsichtig vom Untergrund ab und lege sie in die Schüssel.

2. Beim Gehen bewegst du die Schüssel. Das verunsichert die Schnecken und sie ziehen sich in ihr Schneckenhaus zurück. Setze dich an einen ruhigen Platz, stelle die Schüssel ab und warte, bis die Schnecken aus ihren Häusern kriechen.

3. Beobachte, was die Schnecken tun. Am besten schaust du von außen auf den Teil der Schnecke, der sich fortbewegt.

Die Schnecken kriechen den Schüsselrand hoch. Wie schaffen sie das?

Achte darauf, dass deine Experimente nicht zu lange dauern. Wenn du fertig bist, bringst du die Schnecken am besten wieder dorthin, wo du sie gefunden hast.

Schön, groß und geschützt

Die größte Gehäuseschnecke, die bei uns vorkommt, ist die Weinbergschnecke. Ihr Haus wird mehr als fünf Zentimeter groß. Weil es nicht mehr sehr viele Weinbergschnecken gibt, sind sie geschützt.

Das steckt dahinter !

Schnecken kriechen auf einem großen Muskel, den man Fuß nennt. Dabei heben sie den hinteren Teil des Fußes ein wenig hoch und setzen ihn weiter vorne wieder auf. So entsteht eine Wellenbewegung, die sehr gleichmäßig und langsam verläuft: Eine Weinbergschnecke kann etwa drei Meter pro Stunde gleiten. Der Schleim, den sie beim Kriechen absondert, hilft ihr, scharfkantige Hindernisse wie Kiesel zu überwinden. Er sorgt auch dafür, dass die Schnecke auf glatten Flächen haftet und sogar Fenster senkrecht hochkriechen kann!

* EXPERIMENTE MIT TIEREN *

Das brauchst du

- mehrere Asseln
- 1 große, flache Schachtel mit Deckel
- 1 Löffel oder 1 kleine Schaufel
- 1 Stift

Was machen Asseln, wenn sie ans Licht kommen?

Hast du schon einmal einen großen Stein aufgehoben oder einen Ast, der auf dem Waldboden lag, umgedreht? Probiere es aus: Auf der Unterseite kannst du dicke, flache graue Tiere entdecken. Man nennt sie Asseln. Asseln sind überall dort, wo es feucht und dunkel ist. Was machen sie, wenn sie ans Licht kommen?

Mache dazu diesen Versuch

1. Sammele in der flachen Schachtel einige Asseln. Du findest sie im Garten oder auf der Terrasse, unter Pflanzenuntersetzern, unter Steinen oder Holzstücken. Am besten, du benutzt einen Löffel oder eine kleine Schaufel, wenn du die Asseln vom Untergrund aufhebst.

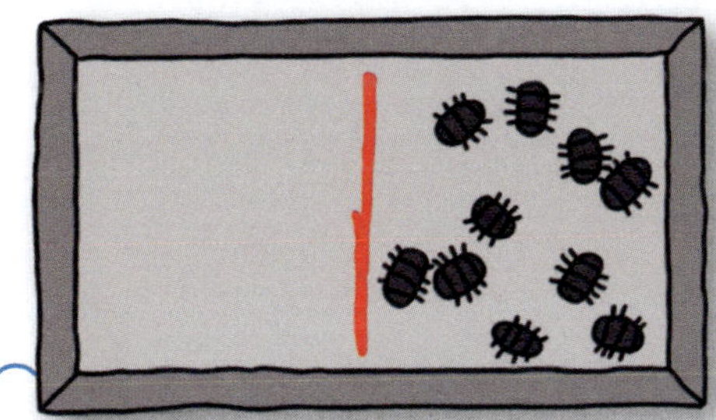

2. Markiere die Schachtel in der Mitte mit einem Strich in eine linke und eine rechte Seite. Bewege die Asseln vorsichtig auf die linke Seite. Decke nun die rechte Seite mit dem Deckel ab, sodass es darunter dunkel ist.
3. Schau genau hin: Was machen die Asseln?

Seit Urzeiten

Asseln gibt es fast überall auf der Welt, und zwar schon sehr lange. Sie krabbelten bereits zu einer Zeit auf der Erde herum, bevor es Dinosaurier gab. Heute sind Dinosaurier schon lange ausgestorben, aber Asseln gibt es immer noch. Asseln sehen aus wie Käfer, gehören aber zu den Krebstieren. Und noch eine Besonderheit: Asseln sind die einzigen Krebstiere, die dauerhaft an Land leben können.

Nach und nach krabbeln die Asseln in Richtung rechte Seite, also dorthin, wo es dunkel ist.

Das steckt dahinter

Asseln sind lichtscheu. Ihr Lebensraum war ursprünglich das Meer. Bis heute mögen sie es feucht. In der Sonne, also dort, wo Licht ist, ist es oft sehr trocken. Deshalb flüchten Asseln, wenn sie ans Licht kommen, in die Dunkelheit.

Achte darauf, dass dein Experiment nicht zu lange dauert. Wenn du fertig bist, bringst du die Asseln am besten wieder dorthin, wo du sie gefunden hast.

Das brauchst du

- 1 große Flasche mit Deckel, am besten mit Schraubverschluss
- 1 Esslöffel
- 200 g Küchenabfälle, zum Beispiel Kartoffelschalen, Gemüsereste, Salatblätter, Teebeutel
- 5 Esslöffel frische Erde oder Kompost aus dem Garten
- etwa 0,5 Liter warmes Wasser
- 1 Teelöffel Zucker
- 1 Luftballon

Können Bakterien Energie erzeugen?

Habt ihr zu Hause eine Biotonne? Dann weißt du, was dort hineingehört: Gemüsereste, schimmeliges Obst, Teebeutel, Knochen, Fleisch- und Wurstreste, Eierschalen … aus diesem Biomüll können Bakterien wertvolle Energie erzeugen. Probiere es aus!

Mache dazu diesen Versuch

1. Öffne die Flasche und fülle mit dem Löffel zuerst die Küchenabfälle, dann die Erde in die Flasche. Du kannst einen Trichter zu Hilfe nehmen.

2. Verschließe die Flasche mit dem Deckel und schüttele die Flasche, bis alles gut durchmischt ist.
3. Nimm den Deckel ab und gib so viel warmes Wasser dazu, bis die Flasche zur Hälfte gefüllt ist und die Erde und die Küchenabfälle gut bedeckt sind.

4. Gib dann den Zucker darauf.
5. Ziehe jetzt noch den Luftballon über den Flaschenhals. Achte darauf, dass er die Öffnung luftdicht verschließt.
6. Stelle die Flasche an einen warmen, dunklen Platz.

Nach drei bis fünf Tagen ist der Ballon voller Luft!

Das steckt dahinter

In der Flasche werden sehr kleine Lebewesen, die man Bakterien nennt, aktiv. Sie ernähren sich von den Abfällen und produzieren dabei ein Gas. Das Gas strömt nach oben und sammelt sich im Luftballon. Genauso funktioniert eine Biogasanlage: Dort produzieren Bakterien aus Bioabfällen Methangas. Methangas ist ein Energieträger, ähnlich wie Erdgas oder Erdöl. Man verwendet Methangas als Treibstoff für Autos und treibt damit Maschinen an, die Strom erzeugen.

Woher kommen die lästigen dicken Fliegen?

Das brauchst du

- Sägespäne
- 1 großes Glas, zum Beispiel ein Gurkenglas
- Essensreste, vor allem Fleisch und Käse
- 1 Becherlupe
- 1 fein gewebtes Tuch, etwa 10 x 10 Zentimeter groß
- 1 Gummiring

Im Sommer summen sie oft an der Zimmerdecke oder setzen sich auf deinen Teller: Fliegen, vor allem die dicken, oft metallisch-blau glänzenden Brummer, auch Schmeißfliegen genannt, sind sehr lästig. Woher kommen sie? Was kannst du gegen sie tun? In diesem Experiment findest du es heraus.

Mache dazu diesen Versuch

1. Gib zuerst eine Handvoll Sägespäne in das Glas und lege ein paar Essensreste wie Fleisch- und alte Käsestücke darauf. Stelle das Gurkenglas an einen warmen Ort, wo Fliegen niemanden stören.

2. Nach einer Weile kommen die ersten Fliegen und legen Eier auf den Essensresten ab. Du erkennst sie gut mit der Lupe: Es sind kleine, weiße Kügelchen.

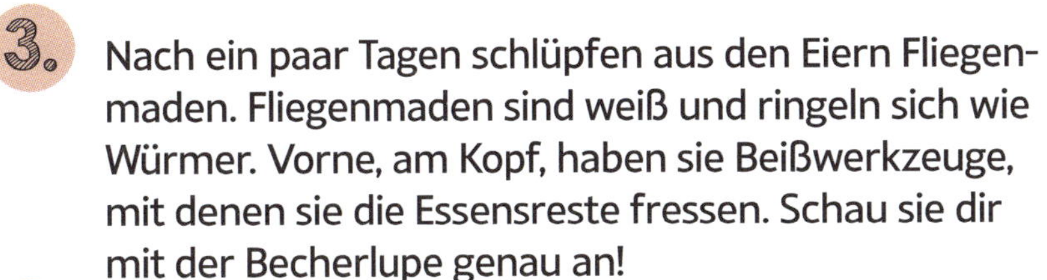

3. Nach ein paar Tagen schlüpfen aus den Eiern Fliegenmaden. Fliegenmaden sind weiß und ringeln sich wie Würmer. Vorne, am Kopf, haben sie Beißwerkzeuge, mit denen sie die Essensreste fressen. Schau sie dir mit der Becherlupe genau an!

4. Nach ein paar Tagen sind die Maden nicht mehr zu sehen. Sie haben sich verpuppt! Die Puppen sind kleine braune Kapseln, in denen sich je eine Made befindet. Darin verwandeln sich die Maden in Fliegen.

5. Jetzt ist es Zeit, das Tuch über die Öffnung des Glases zu stülpen und mit dem Gummiring festzumachen.

Wenn du dir die Fliegen angeschaut hast, kannst du sie an einem Ort, wo sie niemanden stören, freilassen.

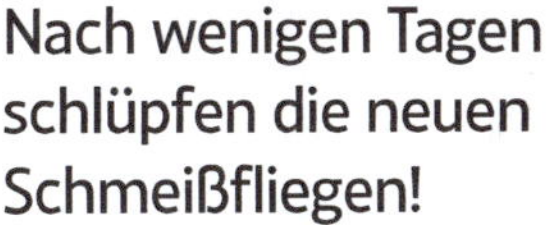

Nach wenigen Tagen schlüpfen die neuen Schmeißfliegen!

Das steckt dahinter!

Die dicken Brummer mögen es warm und feucht und sie lieben tierisches Futter. Wenn all das gegeben ist, fühlen sie sich besonders wohl und vermehren sich. Deshalb gilt: Lass nie Käse, Wurst, Schinken, Fleischstücke oder Reste von Fleischsoßen offen herumstehen. Das gilt auch für Hunde- und Katzenfutter!

Das brauchst du

- 1 Messbecher
- Wasser
- 1 Stift
- Gefrierschrank (im Winter bei Temperaturen unter 0 Grad kannst du den Messbecher nach draußen stellen)

Was braucht mehr Platz – Wasser oder Eis?

Kann ein Glas mit Wasser „überlaufen", wenn du es in den Gefrierschrank oder im Winter über Nacht ins Freie stellst? Finde es mit diesem Experiment heraus!

Mache dazu diesen Versuch

1. Fülle den Messbecher etwa halbvoll mit Wasser.

2. Markiere die Stelle, wo der Wasserrand ist, mit einer Linie.
3. Stelle den Messbecher mehrere Stunden in den Gefrierschrank oder, wenn es kalt genug ist, über Nacht ins Freie.
4. Hole den Messbecher aus der Kälte.

5. Das Wasser ist nun gefroren, es ist Eis. Wie viel Eis ist in dem Messbecher? Markiere die Stelle, wo sich der Rand des Eises befindet, mit einer Linie und vergleiche die beiden Linien. Was siehst du?

Die Eis-Linie ist höher als die Wasser-Linie!

Achtung!

Lege nie eine Glasflasche in den Gefrierschrank, um ein Getränk zu kühlen. Wenn du die Flasche vergisst, kann es passieren, dass die Flüssigkeit in der Flasche gefriert und die Flasche platzt! Dann hast du Glasscherben im Gefrierschrank, an denen du dich verletzen kannst.

Das steckt dahinter

Wenn Wasser gefriert, dehnt es sich aus, es nimmt also mehr Raum ein. Deshalb ist in deinem Becher die Eis-Linie über der Wasser-Linie. Warum braucht Eis mehr Platz als Wasser? Wenn Wasser gefriert, bilden sich Kristalle. Die Moleküle, also die kleinsten Teile, aus denen ein Eiskristall besteht, benötigen mehr Platz als flüssiges Wasser. Kristalle bilden sich nicht nur, wenn Eis gefriert. Wenn es unter null Grad kalt ist, regnet es nicht mehr, sondern es schneit. Dabei bilden sich an Staubteilchen viele kleine, sehr stark verästelte Eiskristalle – Schneeflocken!

Wie schmilzt Eis?

Wenn Eis schmilzt, wird es Wasser – das ist klar. Aber was geschieht dabei genau? Was passiert, wenn in einem See, dessen Oberfläche gefroren ist, das Eis schmilzt? Wohin fließt das Wasser? Mit diesem Experiment findest du es heraus!

Das brauchst du

- etwa 0,5 Liter Wasser
- 1 Messbecher
- farbige Tinte
- 1 langen Löffel
- 1 Eiswürfelform
- 1 hohes Glas

Mache dazu diesen Versuch

1. Fülle 0,5 Liter Wasser in den Messbecher und gib etwas Tinte dazu.
2. Rühre die Mischung mit dem Löffel so lange um, bis das Wasser gleichmäßig gefärbt ist.

3. Fülle das gefärbte Wasser in die Eiswürfelform und lege sie in den Gefrierschrank. Wenn es im Winter draußen sehr kalt ist, kannst du die Eiswürfelform über Nacht ins Freie stellen. Am Morgen hast du dann Eiswürfel.

Fülle das hohe Glas mit lauwarmem Wasser.

Gib einige farbige Eiswürfel in das Glas. Beobachte, was mit den Eiswürfeln passiert.

Die Eiswürfel werden nach und nach immer kleiner – sie schmelzen. Dabei sinkt das gefärbte Schmelzwasser in Schlieren langsam nach unten.

Das steckt dahinter !

Das Schmelzwasser der Eiswürfel ist viel kälter als das lauwarme Wasser im Glas. Es sinkt deshalb nach unten. Es dauert eine ganze Weile, bis sich das Schmelzwasser mit dem lauwarmen Wasser vermischt. Und was ist mit den Eiswürfeln? Obwohl die Eiswürfel ebenfalls kälter als das Wasser sind, das sie umgibt, schwimmen sie oben. Der Grund: Eis hat eine geringere Dichte als das Wasser, weil die Moleküle in den Eiskristallen einen größeren Abstand aufweisen als Moleküle in flüssigem Wasser. Einfacher gesagt: Weil Eis viel leichter als Wasser ist, schwimmt es oben. Wie schnell Eis schmilzt, hängt von der Temperatur ab. Wenn es rund um das Eis sehr heiß ist, schmilzt es schnell. Wenn es nur wenige Grad warm ist, dauert das Schmelzen deutlich länger.

Wie wird schmutziges Wasser wieder sauber?

Das brauchst du

- 1 große Plastikflasche mit Deckel
- 1 Messer
- 1 Handbohrer
- 1 etwa 40 Zentimeter lange Schnur
- 1 Kaffeefilter aus Papier
- 1 Trinkbecher mit Sand
- 1 Trinkbecher mit frischer Erde oder Kompost
- 1 bis 2 Trinkbecher mit kleinen Kieselsteinen
- 1 bis 2 Trinkbecher mit großen Kieselsteinen
- 1 mittelgroßes Glasgefäß
- 1 kleinen Eimer mit schmutzigem Wasser

Wenn du draußen spielst, wird deine Kleidung schmutzig und kommt in die Waschmaschine. Du gehst auf die Toilette, drückst die Spültaste und wäschst dir die Hände. Hunger? Kein Problem, deine Mutter oder dein Vater stellen einen Topf mit Wasser auf den Herd und kochen Nudeln. Egal, ob beim Waschen, bei der Körperpflege, beim Kochen – jedes Mal wird Wasser schmutzig. Wie wird es wieder sauber? Dieses Experiment zeigt dir, wie es in der Natur funktioniert!

Mache dazu diesen Versuch

1. Bitte einen Erwachsenen, den Boden der Flasche mit dem scharfen Messer abzuschneiden und an den oberen Rand einander gegenüber mit dem Handbohrer zwei Löcher zu bohren.

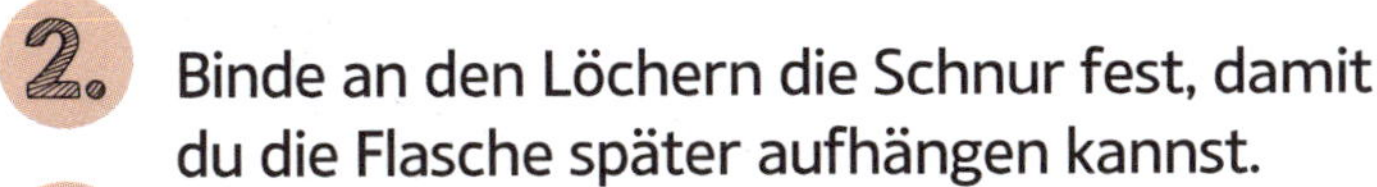

2. Binde an den Löchern die Schnur fest, damit du die Flasche später aufhängen kannst.

3. Schraube den Deckel ab und bohre mit dem Handbohrer mehrere kleine Löcher in den Deckel. Am besten, ein Erwachsener hilft dir auch hier dabei. Schraube den Deckel danach wieder fest auf die Flasche.

4. Jetzt ist der Behälter für den Wasserfilter fertig und du kannst ihn befüllen. Als erste Schicht ganz unten legst du ein Stück Papier-Kaffeefilter oder ein Stück Stoff. Drücke den Kaffeefilter oder den Stoff ganz fest in die Flasche.

5. Fülle jetzt die einzelnen Schichten ein. Du beginnst mit dem Sand, dann kommt die Erd- oder Kompostschicht. Darüber füllst du erst die kleinen Kieselsteine, danach die Schicht mit den großen Kieselsteinen ein.

Wie wird schmutziges Wasser wieder sauber?

6. Jetzt kannst du deinen Wasserfilter testen: Hänge dafür deine Filterflasche an den Gartenzaun oder an einen Baum und stelle das Glasgefäß darunter.

7. Nimm einen Eimer mit schmutzigem Wasser. Fülle das Wasser vorsichtig in den Wasserfilter. Beobachte genau, was passiert!

Ganz langsam tropft sauberes Wasser unten in den Eimer! Doch Vorsicht: Dieses Wasser ist kein Trinkwasser, da deine Mini-Kläranlage im Wasser gelöste Stoffe nicht herausfiltern kann. Es ist nur von grobem Schmutz gereinigt.

Abwasser aus dem Haushalt

Was passiert mit dem Wasser, das wir zu Hause verbrauchen? Wie wird unser Abwasser wieder sauber? Es wird in Abwasserkanälen, auch Kanalisation genannt, gesammelt und zu einem Klärwerk geleitet. Dort wird das Wasser –ähnlich wie in dem Wasserfilter – gereinigt. Das ist aber nur die erste Klärstufe. In weiteren Stufen wird mithilfe von Bakterien und Pilzen, die Schmutzstoffe aufnehmen, aber auch durch die Zugabe von Chemikalien, die sich mit gelösten Schmutzstoffen verbinden und dann ausflocken, das Wasser weiter gereinigt. Wenn das Wasser aus dem Klärwerk in einen Fluss geleitet wird, ist es wieder sauber und klar.

Abwasserleitungen, die das Schmutzwasser aus den Städten entfernen, gab es schon vor mehreren Tausend Jahren. Eine der ältesten und berühmtesten Abwasseranlagen ist die Cloaca Maxima in Rom, die inzwischen 1500 Jahre alt ist. Die ersten modernen Kläranlagen, die das Abwasser reinigten, baute man in England vor rund 150 Jahren.

Das steckt dahinter !

Die Schichten in der Flasche funktionieren wie der Boden in der Natur. Auch er besteht aus vielen verschiedenen Schichten. Wenn es regnet oder Schnee taut und das Wasser in den Boden sickert, sammelt es sich weit unten im Boden als Grundwasser. Auf dem Weg dorthin durchquert es mehrere Bodenschichten und wird dabei gereinigt.

Das brauchst du

- 1 große, dunkle Schüssel
- Wasser
- 1 langen Löffel
- Salz
- 1 kleines Trinkglas
- 1 großes Stück Frischhaltefolie
- 1 mittelgroßen Stein

Kann man aus Salzwasser Süßwasser machen?

Mittelmeer oder Nordsee – vielleicht kennst du diese Meere aus dem Urlaub mit deinen Eltern. Erinnerst du dich an das Wasser? Meerwasser schmeckt salzig. Kein Wunder, denn im Salzwasser ist Salz gelöst! Kann man das Salz wieder herausbekommen? Um das herauszufinden, kannst du dieses Experiment an einem warmen, sonnigen Tag auf der Terrasse machen.

Mache dazu diesen Versuch

1. Fülle die Schüssel etwa halbhoch mit lauwarmem Wasser.
2. Gib ein bis zwei Esslöffel Salz dazu und verrühre das Salz so lange, bis sich die Salzkörnchen im Wasser aufgelöst haben und nicht mehr sichtbar sind.

3. Stelle das Trinkglas in die Mitte der Schüssel.

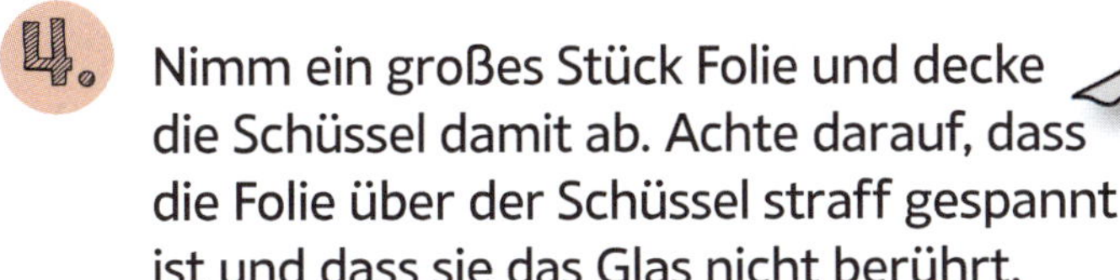

4. Nimm ein großes Stück Folie und decke die Schüssel damit ab. Achte darauf, dass die Folie über der Schüssel straff gespannt ist und dass sie das Glas nicht berührt.

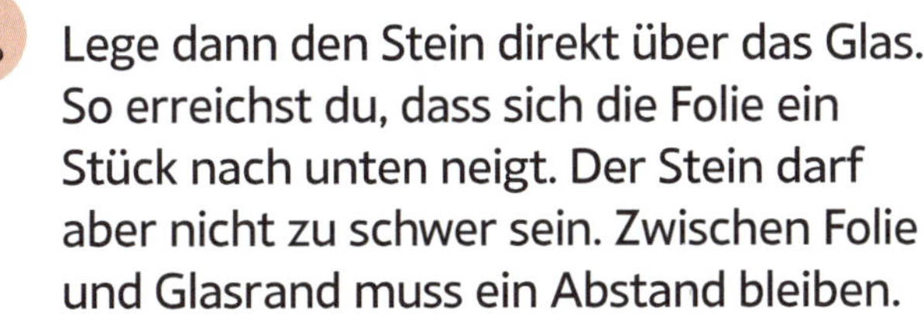

5. Lege dann den Stein direkt über das Glas. So erreichst du, dass sich die Folie ein Stück nach unten neigt. Der Stein darf aber nicht zu schwer sein. Zwischen Folie und Glasrand muss ein Abstand bleiben.

6. Stelle die Schüssel nun in die Sonne.

Das Wasser erwärmt sich und verdampft. Dabei sammelt es sich an der Folie. Weil die Folie nach unten geneigt ist, rinnt das Wasser ebenfalls nach unten und tropft in das Glas. Nach einer Weile kannst du die Folie abnehmen und das Wasser probieren. Wie schmeckt es? Immer noch salzig? Nein!

Von salzig zu süß

In vielen Ländern gibt es nicht genug natürliches Trinkwasser. In Ländern, die am Meer liegen, baut man deshalb Trinkwasser-Entsalzungsanlagen, die aus Meerwasser Trinkwasser produzieren.

Das steckt dahinter !

Nur das Wasser verdunstet, nicht das Salz. Deshalb ist das Wasser, das sich im Glas sammelt, nicht mehr salzig, sondern Süßwasser, das du trinken kannst.

Das brauchst du

- Wasser
- 1 Schüssel
- Wollfäden
- 1 großes Glas
- Papierstückchen
- Stoffstückchen
- Federn

Warum „klebt“ Wasser Dinge zusammen?

Spielst du gern im Sandkasten und „backst“ dort Kuchen? Am besten gelingen Sandkuchen, wenn der Sand feucht ist. Sobald er sehr trocken ist, fallen die Kuchen schnell auseinander. Warum? „Klebt“ Wasser nur Sand zusammen oder auch andere Materialien?

Mache dazu diesen Versuch

1. Fülle Wasser in die Schüssel.

2. Tauche ein paar Wollfäden in das Wasser und drücke sie außen an das Trinkglas.

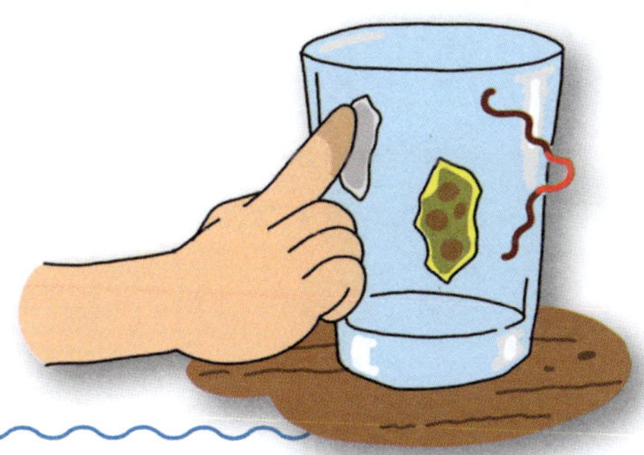

Mache dasselbe mit den Papierstückchen, Stoffstückchen und den Federn.

Die Wollfäden, Papierstückchen, Stoffstückchen und Federn kleben, bis sie trocken sind. Dann fallen sie ab.

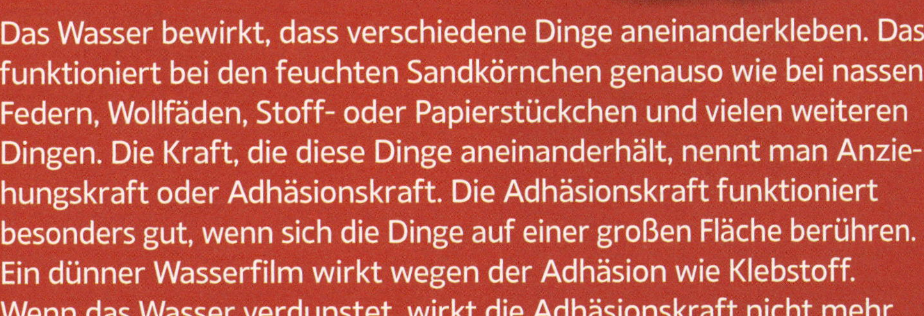

Das steckt dahinter

Das Wasser bewirkt, dass verschiedene Dinge aneinanderkleben. Das funktioniert bei den feuchten Sandkörnchen genauso wie bei nassen Federn, Wollfäden, Stoff- oder Papierstückchen und vielen weiteren Dingen. Die Kraft, die diese Dinge aneinanderhält, nennt man Anziehungskraft oder Adhäsionskraft. Die Adhäsionskraft funktioniert besonders gut, wenn sich die Dinge auf einer großen Fläche berühren. Ein dünner Wasserfilm wirkt wegen der Adhäsion wie Klebstoff. Wenn das Wasser verdunstet, wirkt die Adhäsionskraft nicht mehr.

Die Adhäsionskraft des Wassers erlebst du im Alltag in vielen verschiedenen Situationen: Sie ist zum Beispiel auch dafür verantwortlich, dass dein verschwitztes T-Shirt auf der Haut klebt, deine Haare nach dem Baden dicke Strähnen bilden oder der nasse Duschvorhang an der Badewanne haftet. Aber nicht nur Wasser hat Adhäsionskräfte. Besonders stark ist die Adhäsionskraft bei Klebstoffen, die du zum Beispiel vom Basteln kennst.

Warum leuchten Regenbogen bunt?

Nach einem Gewitter am Abend, wenn es geregnet hat und die Sonne durchblitzt, kannst du ihn oft entdecken – einen Regenbogen, der rot, orange, gelb, grün, blau und violett leuchtet. Warum leuchten Regenbogen in verschiedenen Farben? Mit diesem Experiment findest du es heraus!

Das brauchst du

- 1 flache Schale
- Wasser
- 1 kleiner Spiegel
- weiße Hauswand oder 1 weißes Blatt Papier
- Sonnenschein

Mache dazu diesen Versuch

1. Die Sonne scheint, es ist Nachmittag, die ideale Zeit für das Regenbogen-Experiment! Geh nach draußen auf die Terrasse oder den Balkon. Fülle die flache Schale mit Wasser.

2. Lege den Spiegel so in die Schale, dass er am Rand der Schüssel lehnt.

3. Richte die Schale so aus, dass die Sonnenstrahlen auf den Teil des Spiegels treffen, der im Wasser liegt, und die Sonnenstrahlen vom Spiegel auf die weiße Hauswand oder ein Blatt weißes Papier gelenkt werden. Dabei brauchst du ein wenig Geduld: Es ist nicht ganz leicht, die passende Position zu finden.

Auf einer weißen Hauswand oder einem Blatt weißen Papier erscheint das Licht der Sonne in den Farben des Regenbogens – in Rot, Orange, Gelb, Grün, Blau und Violett! Wie ist das möglich?

Das steckt dahinter !

Sonnenlicht erscheint weiß. Das weiße Licht besteht jedoch aus roten, orangen, gelben, grünen, blauen und violetten Anteilen. Diese Farben kann man aber nur sehen, wenn das Licht in seine Teile zerlegt wird. Genau das macht das Wasser. Es ist wie eine Linse, die verschiedenfarbiges Licht unterschiedlich stark ablenkt und damit weißes Licht in die einzelnen Farben zerlegt. Wenn diese auf eine weiße Fläche fallen, kannst du sie sehen. Das passiert auch beim Regenbogen. Ein Regenbogen entsteht, wenn die Sonnenstrahlen auf die in der Luft enthaltenen Regentropfen fallen. Die Regentropfen wirken wie Linsen und zerlegen das Sonnenlicht in seine Teile.

Wie kann man Steine über das Wasser springen lassen?

Das brauchst du

- mehrere flache, oval geformte Steine
- flaches Gewässer (See oder Teich)

Ditschen, flitschen, steinschnellen, Steine übers Wasser springen lassen – wenn man am Ufer eines Gewässers steht, kann man immer wieder Leute dabei beobachten. Vielleicht hast du es auch schon einmal ausprobiert: Du nimmst einen flachen Stein und wirfst ihn so über das Wasser, dass er möglichst oft hochspringt. Wie funktioniert das? Wir probieren es aus!

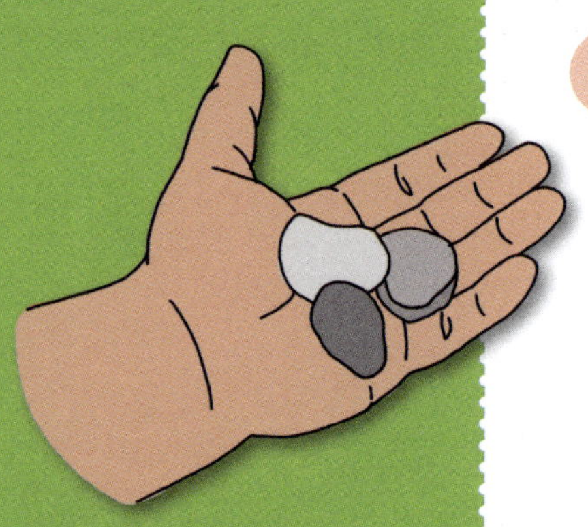

Mache dazu diesen Versuch

1. Nimm einen flachen, oval geformten Stein.
2. Halte ihn waagerecht zwischen Zeigefinger und Daumen.

3. Gehe in die Hocke und hole mit dem Arm weit aus.

Wirf den Stein mit viel Schwung möglichst flach in Richtung Wasser. Achte darauf, dass er beim Werfen über deinen Zeigefinger rollt.

Der Stein dreht sich während seines Fluges, prallt auf dem Wasser ab und springt wieder hoch. Das wiederholt sich ein paar Mal, dann versinkt der Stein im Wasser.

Das steckt dahinter

Wenn du den Stein mit viel Schwung losschleuderst, sorgt die Drehung dafür, dass er stabil in der Luft liegt. Bei seinem Flug übers Wasser trifft er mit der Hinterkante auf dem Wasser auf und liegt dann für einen Moment auf dem Wasser auf. Das geht aber nur, wenn die Aufprallfläche groß genug ist und die flache Seite zum Wasser zeigt. Das Wasser, in das der Stein kurz eintaucht, wirkt wie eine Sprungschanze. Weil sich der Stein dabei dreht, kann er sich aus dem Wasser wieder hoch in die Luft wirbeln. Bei jedem Aufsetzen auf dem Wasser verliert der Stein jedoch ein wenig von seinem Schwung. Seine Sprünge werden zuerst immer kürzer, dann schlittert er über das Wasser. Am Ende versinkt er darin.

Wer ist der beste Steine-Flitscher?

Inzwischen gibt es sogar internationale Wettbewerbe beim Steineflitschen. Der Amerikaner Kurt Steiner hat es im Jahr 2014 geschafft, dass sein Stein bei einem Wurf 88-mal auf das Wasser aufgesprungen ist. Damit hält er den Weltrekord!

Das brauchst du

- 2 große Glasflaschen mit Schraubdeckel oder Bügelverschluss
- klares Wasser aus einem Teich oder See
- 1 Teelöffel Flüssigdünger
- 1 wasserfesten Stift

Warum ist im Sommer das Wasser in vielen Seen trüb?

Wenn es sehr warm ist, kann es passieren, dass in deinem Badesee das Wasser nicht mehr klar ist. Der Grund: Kleine Wasserlebewesen – Algen genannt – vermehren sich rasend schnell und färben das Wasser grünlich. Warum passiert das ausgerechnet im Sommer, zur schönsten Badezeit? Finde es mit unserem Experiment heraus!

Mache dazu diesen Versuch

1. Zuerst füllst du die beiden Glasflaschen mit Wasser aus dem Teich oder See. Achte darauf, dass das Wasser klar ist.

2. Gib dann in eine der beiden Glasflaschen einen Teelöffel Flüssigdünger. Da Dünger giftig sein kann, lass dir hierbei von einem Erwachsenen helfen.

3. Verschließe beide Flaschen fest. Die Flasche mit dem Flüssigdünger markierst du mit dem Stift.

4. Stelle die beiden Flaschen nebeneinander an einen hellen Ort, zum Beispiel auf das Fensterbrett.

5. Warte ein paar Tage und vergleiche dann: Wie hat sich das Wasser in den beiden Flaschen verändert?

Was passiert?

In beiden Flaschen ist es trüb geworden. Besonders trüb ist es in der Flasche mit dem Flüssigdünger! Warum?

Das steckt dahinter !

Im Flüssigdünger sind Nährstoffe. Sie sind das „Futter“ für die Algen. Auch wenn du im Wasser keine Algen siehst, gibt es darin welche. Wenn es im Sommer warm ist und die Algen viel Licht und Nährstoffe bekommen, wachsen sie und vermehren sich. Deshalb ist das Wasser in vielen Seen im Sommer oft trüber als im Winter. Doch woher kommt das „Futter“ für die Algen? Häufig sind in der Nähe von Seen Felder und Wiesen, die im Frühjahr und Sommer von den Landwirten gedüngt werden. Wenn es regnet, fließt ein Teil des Düngers aus dem Boden in die Seen und bringt Nährstoffe hinein.

Das brauchst du

- Wasser
- 1 große Schüssel
- mehrere Trinkhalme

Woher kommen Wellen?

Dir ist es bestimmt schon aufgefallen: Wenn es windstill ist, ist auch das Meer ruhig. Wenn der Wind weht, dann ist auch das Meer unruhig, es gibt Wellen. Besonders groß und stark sind Wellen, wenn es stürmt. Macht der Wind die Wellen oder machen die Wellen den Wind? Mit diesem Experiment findest du es heraus!

Mache dazu diesen Versuch

1. Fülle Wasser in eine große Schüssel.

2. Nimm einige Trinkhalme und puste flach auf die Wasseroberfläche. Am besten, ihr seid mehrere Kinder und pustet gleichzeitig los.

Das Wasser kräuselt sich und bildet kleine Wellen!

Wellen-Weltrekord

Die höchsten und für Surfer besonders gefährlichen Wellen entstehen in Nazaré, einem kleinen Ort in Portugal an der Küste des Atlantiks. Im Herbst und Winter können die Wellen dort mehr als 30 Meter hoch werden!

Das steckt dahinter

Im tiefen Wasser, also im Meer oder auf einem See, entstehen Wellen durch Wind. Wenn der Wind über das Meer oder einen See weht, drückt er auf die Wasseroberfläche. Sie wird dadurch nach innen gewölbt. Diese Kraft gibt das Wasser wieder ab und wölbt sich nach oben. Je stärker der Wind auf die Wasseroberfläche bläst, desto mehr Wellen entstehen. Wie hoch, lang und schnell die Wellen werden, hängt davon ab, wie stark und in welcher Richtung der Wind auf das Wasser trifft, aber auch wie tief das Wasser ist. Wenn die Wellen sehr steil und hoch werden, brechen sie, das heißt, sie kippen oben in Windrichtung um. Das passiert beispielsweise, wenn sie in die Nähe des Strandes kommen, weil dort das Wasser flacher wird.

Warum gehen Schiffe nicht unter?

Das brauchst du

- 1 große Plastikschüssel oder Plastikwanne
- Wasser
- Knete
- Murmeln

Warst du schon mal an einem Hafen? Dann hast du bestimmt große Schiffe gesehen! Einige sind so groß, dass sie viele hundert Container transportieren können. Trotzdem gehen sie nicht unter. Wie kann das sein? Wir finden es mit unserem Experiment heraus!

Mache dazu diesen Versuch

1. Fülle die Schüssel mit Wasser.

2. Forme die Knete zu einer Kugel und gib sie in das Wasser. Was passiert? Sie geht unter.
3. Jetzt kommt das eigentliche Experiment: Forme die Knete zu einem Schiff, indem du eine Platte formst und die Seiten nach oben biegst. Lege das „Schiff" flach auf das Wasser.

Das „Schiff“ schwimmt!
Wie ist das möglich?

Gib nun ein paar Murmeln auf das Schiff. Wie viele Murmeln kannst du hineinlegen, bis das Schiff sinkt?

Das steckt dahinter !

Wenn ein Gegenstand auf Wasser trifft, wirken zwei Kräfte. Die Gewichtskraft zieht den Gegenstand nach unten. Aber auch das Wasser hat eine Kraft. Man nennt sie Auftriebskraft. Die Auftriebskraft drückt den Gegenstand im Wasser nach oben. Welche Kraft ist stärker? Es kommt darauf an, wie der Gegenstand geformt ist. Die Knet-Kugel geht unter, das Knet-Schiffchen schwimmt. Warum? Das Schiff braucht mehr Platz als die Kugel, genauer gesagt: Es verdrängt mehr Wasser als die Kugel. Wenn das verdrängte Wasser genauso schwer ist wie der Gegenstand im Wasser, dann sind die Auftriebskraft und die Gewichtskraft gleich stark und der Gegenstand schwimmt. Doch Vorsicht: Wenn man das Schiff zu schwer belädt, kann es passieren, dass es schwerer als das verdrängte Wasser wird. Die Folge: Das Schiff sinkt.

Das brauchst du

- Allzweckreiniger oder Spülmittel
- 1 Blatt von Tulpe oder Kohlrabi
- 1 Sprühflasche mit Wasser

Warum werden die Blätter von Tulpen im Regen nicht nass?

Ist dir schon aufgefallen, dass die Blätter der Tulpe trocken bleiben, auch wenn es regnet? Es sammeln sich nur einige Tropfen auf den Blättern, das Wasser verteilt sich aber nicht. Wenn du dich umschaust, dann kannst du sehen, dass es auch bei anderen Pflanzen so ist, zum Beispiel beim Kohlrabi, der Kapuzinerkresse oder der Akelei. Mit diesem Experiment kannst du herausfinden, welchen Trick die Pflanzen anwenden!

Mache dazu diesen Versuch

1. Gib ein paar Tropfen Allzweckreiniger oder Spülmittel auf eine Hälfte der Oberseite eines großen Blattes, zum Beispiel von einer Tulpe oder einem Kohlrabi.
2. Verreibe das Spülmittel auf der einen Seite des Blattes.

3. Spritze mit der Sprühflasche ein wenig Wasser auf das Blatt.

Auf der Seite, wo du das Blatt mit Spülmittel oder Allzweckreiniger eingerieben hast, wird das Blatt nass. Auf der anderen Seite, wo das Blatt nicht behandelt wurde, bleiben die Wasserperlen auf dem Blatt oder perlen ab und tropfen zu Boden.

Den Abperl-Effekt nennt man Lotus-Effekt. Praktisch ist, dass mit dem abperlenden Wasser gleichzeitig auch kleine Staubteilchen entfernt werden. Forscher haben sich diesen Effekt von den Pflanzen abgeguckt. Selbstreinigende Oberflächen finden sich heute beispielsweise auf Dachziegeln oder Flugzeugen.

Das steckt dahinter !

Die Lösung liegt in der Oberfläche des Blattes. Blätter von Tulpen, Kapuzinerkresse und vielen anderen Pflanzen, an denen das Wasser abperlt, sind mit einer dünnen wasserabweisenden Wachsschicht überzogen. Diese Schicht ist so dünn, dass du sie nur mit einem ganz speziellen Mikroskop sehen kannst. Allzweckreiniger oder Spülmittel stellen praktisch eine Verbindung zwischen dem Wachs und dem Wasser her, sodass das Wasser nicht mehr abperlt.

Wie entstehen Tropfsteine?

Warst du schon einmal in einer Höhle und hast Tropfsteine gesehen? Manche Tropfsteine „wachsen“ von oben nach unten, manche von unten nach oben. Wie funktioniert das? Mit unserem Experiment kannst du selbst Tropfsteine herstellen.

Das brauchst du

- warmes Wasser
- 2 hohe Trinkgläser
- 1 Löffel
- Soda-Pulver
- 1 etwa 30 Zentimeter langen Wollfaden
- 2 Büroklammern
- 1 Untertasse

Mache dazu diesen Versuch

1. Fülle warmes Wasser in die Gläser.
2. Gib mit dem Löffel in beide Gläser so viel Soda-Pulver dazu, bis es sich nicht weiter im Wasser auflöst. Wichtig ist, dass du dabei ständig umrührst.

3. Stelle die Gläser einander gegenüber mit etwa zehn Zentimeter Abstand auf.
4. Nimm den Wollfaden und befestige an den Enden je eine Büroklammer.

5. Hänge die Enden der Fäden so in die Gläser, dass der Faden zwischen den beiden Gläsern etwas durchhängt und stelle die Untertasse zwischen die Gläser. Lasse dein Experiment nun einige Tage stehen.

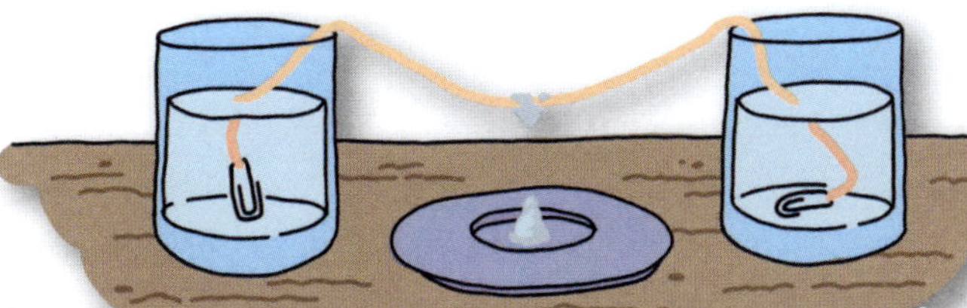

Nach ein paar Tagen hängt von dem Faden ein Tropfstein herunter. Unten, auf der Untertasse, bildet sich ein Tropfstein, der nach oben wächst.

Übrigens: Tropfsteine, die von oben nach unten wachsen, nennt man Stalaktiten, Tropfsteine, die von unten nach oben größer werden, heißen Stalagmiten.

Das steckt dahinter !

Schau genau hin: Bei dem Experiment „kriecht" das Wasser mit dem Soda in den Faden. Wenn es am untersten Punkt der „Fadenbrücke" angekommen ist, tropft es nach unten. So bilden sich zwei Tropfsteine, einer von oben, weil Wasser von oben tropft, und einer von unten, weil Wasser unten aufkommt. Dabei verdunstet das Wasser und Soda bleibt übrig. In Höhlen entstehen Tropfsteine auf dieselbe Weise. Nur tropft dort nicht sodahaltiges Wasser nach unten, sondern kalkhaltiges Wasser.

Das brauchst du

- Standort in den Bergen, am besten vor einer Bergwand oder in einem Tal mit hohen Bergwänden auf beiden Seiten

Warum hört man im Gebirge Geräusche oft doppelt?

In den Bergen kann es passieren, dass du Geräusche zweimal oder sogar noch öfter hörst. Es ist das Echo. Wie entsteht ein Echo? Probiere es aus!

Mache dazu diesen Versuch

1. Wenn du beim Wandern eine hohe Bergwand vor dir hast, hast du den idealen Platz gefunden. Rufe „Hallo“ oder klatsche in die Hände. Was hörst du?

2. Du hörst deine Stimme oder dein Klatschen noch einmal. Es ist das Echo!

3. Was passiert, wenn du in einem tiefen Tal wanderst, wo auf beiden Seiten hohe Bergwände sind? Klatsche in die Hände und höre gut hin!

Du hörst das Echo nicht nur einmal, sondern sehr viel öfter! Dabei wird das Echo immer leiser, bis es schließlich verstimmt.

Echo im Haus

Bist du schon einmal umgezogen und warst in einem Zimmer ohne Möbel? Dann hast du bestimmt schon festgestellt, dass es auch in leeren Räumen ein Echo gibt! Wenn keine Möbel und andere Dinge in einem großen Raum sind, reflektieren dessen Wände die Schallwellen. Man sagt, der Raum hallt. Das passiert, wenn die Wände, an denen der Schall abprallt, nicht weit genug entfernt liegen und sich daher der Originalton und das Echo überlappen. Ein Echo kannst du also nicht nur in den Bergen, sondern auch anderswo erleben, zum Beispiel zwischen sehr hohen Häusern oder unter einer großen Brücke aus Beton oder Stein.

Das steckt dahinter

Jedes Geräusch bewirkt, dass sich Luft bewegt. Bei einem Geräusch entstehen Schallwellen, das heißt, dass Luft hin und her schwingt. Wenn die Schallwellen gegen eine Wand stoßen, kommen sie wieder zurück. Das bedeutet, sie werden reflektiert. Aber es kommen nicht alle Schallwellen zurück. Einen Teil davon „schluckt" die Bergwand. Die Schallwellen werden also immer schwächer, je öfter sie reflektiert werden.

Das brauchst du

- 1 kleinen Nagel
- 2 Kaffeebecher aus Pappe oder 2 leere Blechdosen
- 1 Schere
- 1 Schnur, etwa 4 Meter lang
- 1 Mitspielerin oder Mitspieler

Kann man Geräusche transportieren?

Ja, das geht! Und zwar mit einer Schnur und zwei hohlen Behältern. Suche dir einen Spielkameraden und bastelt zusammen ein Schnurtelefon!

Mache dazu diesen Versuch

1. Stich mit dem Nagel in beide Kaffeebecher ein Loch in die Mitte des Bodens. Lass dir dabei von einem Erwachsenen helfen.

2. Schneide ein Stück Schnur ab. Am besten ist es, wenn dein Mitspieler und du nicht zu nahe beieinandersteht. Die Schnur sollte also möglichst lang sein, etwa vier Meter.

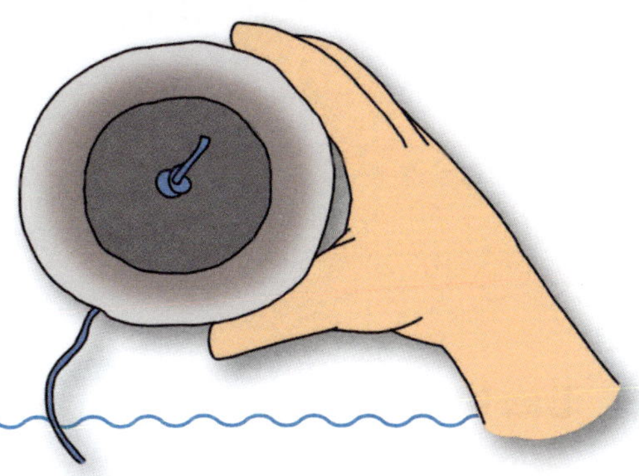

3. Stecke die Schnur von außen durch den Boden eines der beiden Becher. Ziehe die Schnur im Becher ein kleines Stück heraus und mache einen Knoten am Ende. Ziehe die Schnur von außen wieder zurück, sodass der Knoten auf dem Becherboden aufliegt.

4. Stecke dann das andere Ende der Schnur von außen durch den Boden des anderen Bechers und mache alles Weitere so, wie bei dem ersten Becher – fertig ist das Schnurtelefon!

5. Jetzt nimmt jeder einen Becher. Stellt euch einander gegenüber auf und spannt die Schnur. Während eine Person spricht, hält die andere Person den Becher an ein Ohr.

Durch die Becher könnt ihr miteinander sprechen – und hört es sogar, wenn die andere Person flüstert!

Das steckt dahinter !

Töne bewirken, dass sich Luft bewegt. So entstehen Schallwellen. Nicht nur die Luft leitet Schallwellen, auch feste Materialien tun dies. Beim Schnurtelefon leitet die Schnur die Schallwellen weiter. Wenn du in deinen Becher sprichst, „wandern" die Schallwellen, die du aussendest, über die Schnur in den zweiten Becher. Deshalb ist deine Stimme in dem anderen Becher zu hören.

Das brauchst du

- 1 Schüssel aus Metall
- mehrere Steine und Sand, zum Beispiel Vogelsand
- 1 Cuttermesser
- 1 kleine leere PET-Flasche
- starkes Klebeband
- 2 leere Schuhkartons
- mehrere Kühlakkus aus dem Gefrierschrank
- 1 langes Streichholz und 1 Streichholzschachtel

Wie entsteht Wind?

An manchen Tagen ist es völlig windstill und es geht kein Lüftchen. Dann wiederum ist der Wind so stark, dass er Bäume umwirft und Dächer abdeckt. Wie entsteht Wind? Mit diesem Experiment kannst du das Rätsel lösen, indem du selbst Wind erzeugst! Weil du dabei mit einem scharfen Messer und Feuer zu tun hast, ist es wichtig, dass du dieses Experiment mit einem Erwachsenen durchführst.

Mache dazu diesen Versuch

1. Nimm eine Schüssel aus Metall und fülle einige Steine und Sand hinein. Stelle die Schüssel so lange in die Sonne, bis der Sand und die Steine warm sind.

2. Bastele dann das Rohr, durch das später der Wind weht. Weil du dazu ein Cuttermesser benutzt, solltest du dir von einem Erwachsenen helfen lassen! Es geht so: Schneidet mit dem Cuttermesser den Boden und den oberen Teil der Flasche ab. Schneidet dann die Flasche der Länge nach auf. Rollt die Flasche nun so zusammen, dass ein Rohr entsteht. Fixiert das Rohr mit dem Klebeband.

3. Nehmt dann einen der beiden Schuhkartons. Schneidet an der schmalen Seite des Schuhkartons ein Loch hinein, das genauso groß ist wie die Öffnung des Rohrs. Steckt ein Ende des Rohrs hinein. Am besten, ihr dichtet den Zwischenraum zwischen dem Rohr und dem Schuhkarton mit dem Klebeband ab.

4. Schneidet an der schmalen Seite des anderen Schuhkartons ebenfalls ein Loch hinein. Steckt das andere Ende des Rohrs in den Karton und dichtet auch hier den Zwischenraum zwischen dem Rohr und dem Schuhkarton mit dem Klebeband ab. Jetzt sind die beiden Kartons mit dem Rohr verbunden.

Wie entsteht Wind?

5. Woher kommt nun der Wind? Um das herauszufinden, füllst du einen der Schuhkartons mit dem Sand und den Steinen, die sich in der Schüssel erwärmt haben. In den anderen Karton gibst du mehrere Kühlakkus aus dem Gefrierfach.

6. Im nächsten Schritt kannst du Wind sehen. Bitte einen Erwachsenen, ein langes Streichholz anzuzünden. Puste das Feuer aus.

7. Stecke nun das rauchende Streichholz in das Rohr zwischen den Kartons und achte auf den Rauch.

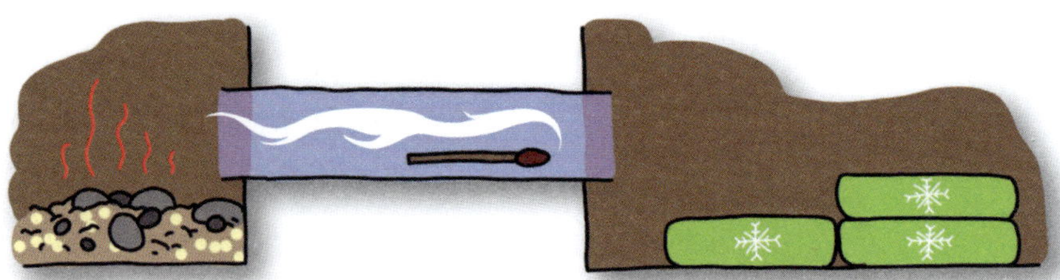

Der Rauch weht von der kalten Schachtel in die Richtung zur Schachtel mit dem warmen Sand! Du hast Wind erzeugt.

Wind am Strand

Am Meer ist es meistens sehr windig. Warum? Am Strand ist es in der Regel sehr viel wärmer als im Wasser. So ist es auch bei der Luft über dem Wasser und am Land. Die Luft über dem Strand, also an Land, wird leichter und steigt nach oben. Gleichzeitig strömt vom Meer her kühlere Luft nach. Deshalb weht dort meistens Wind.

Das steckt dahinter !

Warme Luft ist leichter als kalte Luft. Wo es warm ist, steigt die Luft also nach oben. Das ist auch in der Schachtel mit dem warmen Sand so. Da in der Schachtel weniger Luftteilchen vorhanden sind, ist hier der Luftdruck gering. Anders ist es bei der Schachtel mit den kalten Kühlakkus. Über den Kühlakkus sinkt die Luft ab. Die Luftteilchen stauen sich, es herrscht hoher Luftdruck. In der Natur gibt es einen Ausgleich zwischen den Regionen mit einem niedrigen und einem hohen Luftdruck. Deshalb weht Luft von dort, wo der Luftdruck hoch ist, dahin, wo der Luftdruck niedrig ist. Diese Bewegung der Luft spüren wir als Wind.

Das brauchst du

- 1 Bleistift
- 1 Lineal
- 1 Blatt stabile Pappe
- 1 Schere
- 1 Strohhalm, am besten aus Papier
- 1 kleine Flasche mit Plastikdeckel
- 1 lange Nadel
- 3 Holzperlen
- etwas Sand

Woher weht der Wind?

Willst du wissen, woher der Wind kommt? Dann bastele einen Windrichtungsgeber. Man nennt diese Geräte auch Windfahne oder Wetterfahne. Weil du mit Nadel und Schere zu tun hast, solltest du dir von einem Erwachsenen helfen lassen.

Mache dazu diesen Versuch

1. Zeichne mit Bleistift und Lineal zwei Dreiecke auf die Pappe. Ein Dreieck sollte 6 x 6 x 6 Zentimeter groß sein, eines 6 x 6 x 8 Zentimeter.
2. Schneide die Dreiecke mit der Schere aus.
3. Schneide den Strohhalm an beiden Enden etwa einen Zentimeter weit ein.

4. Stecke je ein Dreieck in die beiden Schlitze des Strohhalms.
5. Schraube den Flaschendeckel ab. Bitte einen Erwachsenen, die Nadel von unten durch den Deckel zu stecken, sodass die Nadel oben herausragt.
6. Fädele zwei Holzperlen auf den Deckel.
7. Miss mit dem Lineal die Mitte des Strohhalms aus und markiere sie mit dem Bleistift. Durchstich den Halm in der Mitte mit der Nadel und fädle darüber die dritte Holzperle auf.
8. Gib etwas Sand in die Plastikflasche und schraube den Deckel darauf.
9. Jetzt stellst du die Windfahne in eine windige Ecke deines Gartens.

Die Windfahne dreht sich. Dabei zeigt die kleinere Pfeilspitze in die Richtung, aus der der Wind kommt.

Das steckt dahinter !

Der Wind trifft auf die Dreiecke deines Windrichtungsgebers. Sie sind für den Wind ein Hindernis. Das größere Dreieck ist ein größeres Hindernis. Deshalb drückt der Wind dieses Dreieck in die Windrichtung, also in die Richtung, wohin er weht. Gleichzeitig wird das kleinere Dreieck in die entgegengesetzte Richtung gedreht. Er zeigt also in die Richtung, aus der der Wind kommt!

Wie stark weht der Wind?

Willst du wissen, wie stark der Wind weht? Dann bastele einen einfachen Windmesser!

Das brauchst du

- 1 Schere
- 1 Stock
- mehrere Reißzwecken
- 4 circa 15 x 15 Zentimeter unterschiedlich schwere und stabile Stücke Plastikfolie: jeweils von einer dünnen und von einer dickeren Plastiktüte, Stück von einem starken Müllbeutel, Stück dicke Verpackungsfolie

Mache dazu diesen Versuch

1. Schneide mit der Schere die Folien aus.

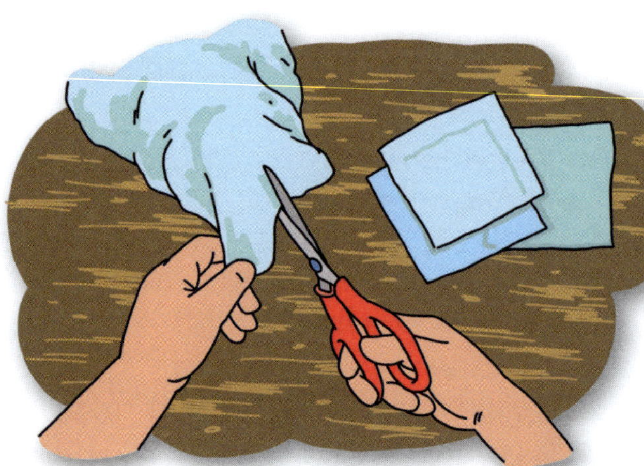

2. Befestige die Folienstücke mit den Reißzwecken an dem Stock. Beginne oben mit dem Stück von der dünnen Plastiktüte, darunter folgt die dickere Plastiktüte, dann der Müllbeutel und ganz unten machst du das Stück von der Verpackungsfolie fest.

3. Setze den Stock in die Erde oder in den Sandkasten und beobachte die Plastikfolien, wenn der Wind weht. Was passiert, wenn der Wind nur leicht weht? Wie bewegen die Folien sich, wenn es stürmt?

Bei leichtem Wind bewegt sich nur die dünne Folie. Wenn der Wind stärker weht, hebt er auch die anderen Folien an und bei Sturm sogar die dicke Verpackungsfolie.

Beaufort-Skala

Der Wetterdienst misst die Windstärke nach der Beaufort-Skala in 13 Stufen von 0 bis 12. Die Skala reicht von Windstille bis Orkan. Bei einem Orkan weht der Wind mit einer Geschwindigkeit von mehr als 118 Kilometern pro Stunde – das ist schneller als ein Auto auf der Landstraße fährt!

Welche Segel können bei welcher Windstärke gesetzt werden? Wie schnell segelt ein Schiff dann? 1806, also in der Zeit, als man mit Segelschiffen auf den Meeren unterwegs war, stellte der britische Admiral Francis Beaufort (1774–1854) eine Windskala anhand dieser Daten auf, die später nach ihm benannt wurde.

Das steckt dahinter

Wenn der Wind leicht weht, hat er wenig Kraft und kann nur die dünne, leichte Folie bewegen. Wenn es aber stürmt, ist die Kraft des Windes so groß, dass auch die stabile Verpackungsfolie im Wind flattert.

Wohin strömt Luft, wenn sie sich erwärmt und abkühlt?

Das brauchst du

- 1 Papprohr, zum Beispiel von einer Küchenrolle
- 1 Cuttermesser
- 1 dünne, große Plastiktüte
- Klebeband
- 1 Nylonfaden auf einer Spule
- 1 Föhn

Um das herauszufinden, kannst du einen Heißluftballon bauen und in den Himmel steigen lassen! Weil du bei dabei mit einem Cuttermesser arbeitest, solltest du dir von einem Erwachsenen helfen lassen.

Mache dazu diesen Versuch

1. Kürze das Papprohr mit dem Cuttermesser auf etwa sechs Zentimeter.

2. Entfalte die große Plastiktüte, indem du sie ein wenig aufschüttelst. So kann sie leichter mit Luft gefüllt werden.
3. Stecke das Papprohr in die offene Seite der Tüte.

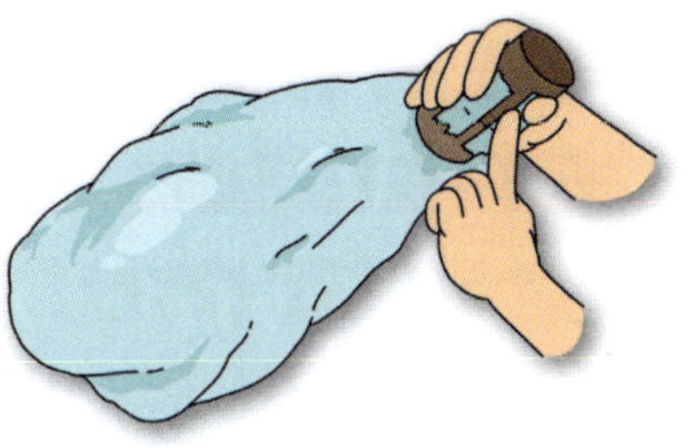

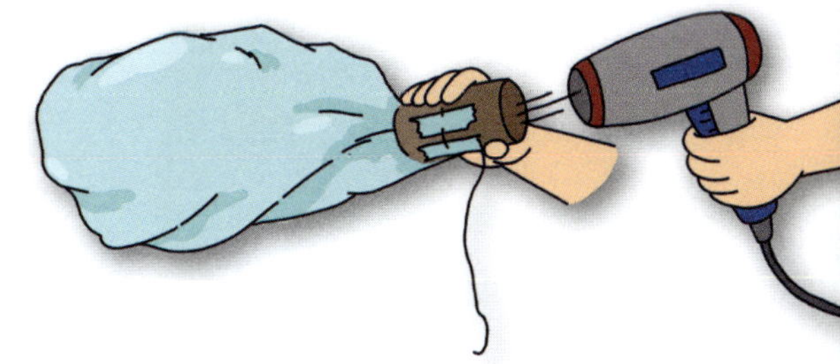

4. Befestige den offenen Rand der Plastiktüte mit dem Klebeband an dem Papprohr. Dabei hilft dir am besten ein anderes Kind oder ein Erwachsener. Achtet darauf, dass die Tüte fest, aber nicht luftdicht mit dem Papprohr verbunden ist.

5. Lege mit dem Nylonfaden eine Schlinge um das Papprohr und knote den Faden fest. Fixiere die Schlinge mit dem Klebeband.

6. Damit warme Luft in die Tüte kommt, nimmst du einen Föhn und bläst vorsichtig warme Luft durch das Papprohr in die Tüte.

7. Gehe mit der Tüte nach draußen. Nimm die Spule mit dem Nylonfaden, an dem die Tüte hängt, fest in die Hand. Halte die Tüte nach oben und lass sie los.

Was passiert?

Die Tüte steigt wie ein Heißluftballon langsam nach oben. Nach einiger Zeit sinkt der Ballon wieder.

Das steckt dahinter !

Die heiße Luft im Heißluftballon ist leichter als die kältere Luft, die ihn umgibt. Deshalb steigt der Ballon mit der heißen Luft auf. Mit der Zeit kühlt die heiße Luft im Ballon ab. Dann ist sie genauso schwer wie die Luft rund um den Heißluftballon. Dazu kommt das Gewicht der Tüte, des Papprohrs und der Schnur. Deshalb sinkt der Ballon wieder nach unten auf den Boden.

Warum wird es auf der Erde immer wärmer?

Das brauchst du

- Sonnenlicht
- 2 Teller
- 2 gleich große Eiswürfel
- 1 Glas, zum Beispiel leeres Gurkenglas
- 1 Stück Frischhaltefolie

Seit Jahren warnt die Wissenschaft: Es wird immer wärmer auf der Erde! Warum? Eine Antwort ist der Treibhauseffekt. Was ist damit gemeint? Ein Treibhaus ist ein Gewächshaus. In einem Gewächshaus ist es sehr viel wärmer als außerhalb. Die Wärme entsteht, weil die Sonnenstrahlen durch das Glas des Treibhauses auf den Boden fallen und ihn erwärmen. Dadurch wird die Luft im Treibhaus nicht nur sehr warm, sondern auch feucht. Ganz ähnlich ist es auf der Erde. Wie der Treibhauseffekt entsteht und wie er wirkt, zeigt dir das Experiment!

Mache dazu diesen Versuch

1. Stelle an einem sonnigen Tag die beiden Teller auf den Tisch.
2. Nimm die beiden Eiswürfel aus dem Eiswürfelbehälter und lege einen Eiswürfel auf einen Teller.

3. Den zweiten Eiswürfel legst du in das Glas und stellst es auf den zweiten Teller.

Decke das Glas mit der Frischhaltefolie möglichst luftdicht ab und beobachte, was passiert.

Beide Eiswürfel beginnen zu schmelzen. Der Eiswürfel im Glas schmilzt schneller.

Das steckt dahinter

Das Glas, das den Eiswürfel umgibt, lässt die Sonnenstrahlen durch. Diese erwärmen den Teller. Die Wärme im Glas kann aber nur zum Teil über die dünne Folie entweichen. Deshalb schmilzt der Eiswürfel im Glas schneller. Ganz ähnlich ist es auch auf der Erde: Hoch oben in der Luft befinden sich rund um die Erde verschiedene Gase, die wie die Folie und das Glas wirken. Je mehr dieser Gase dort oben vorkommen, desto mehr von der Sonnenwärme bleibt auf der Erde. Diese Treibhausgase entstehen unter anderem, wenn wir Öl, Gas oder Kohle verbrennen – also immer dann, wenn wir Feuer machen, die Heizung anschalten, Auto fahren oder mit dem Flugzeug fliegen. Deshalb wird es auf der Erde immer wärmer!

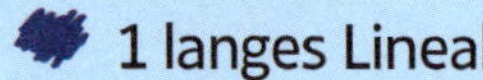

Das brauchst du

- 1 langes Lineal
- 1 DIN-A4 großes Blatt Papier

Wie fliegen Flugzeuge?

Flugzeuge sind schwer! Wie schaffen sie es trotzdem, vom Boden abzuheben und in der Luft zu bleiben? Finde es mit diesem Experiment heraus!

Mache dazu diesen Versuch

1. Lege das Lineal flach auf den Tisch.
2. Dann legst du die schmalere Seite des Papiers mit der Kante auf das Lineal und hältst das Papier mit beiden Händen fest.

3. Nimm das Lineal mit dem Papier hoch. Du siehst, dass es nach unten hängt.

Halte das Lineal mit dem Papier flach vor deinen Mund und puste fest.

Das Papier steigt nach oben!

Das steckt dahinter!

Wenn du über das Lineal mit dem Blatt pustest, strömt viel Luft über die Wölbung des Blattes. Weil die Luft auf der Oberseite so schnell ist, sind hier weniger Luftteilchen als unter dem Blatt. Dort gibt es keine Luftbewegung. Deshalb sind dort unten sehr viel mehr Luftteilchen als oben. Unter dem Blatt herrscht Überdruck, oberhalb des Blattes Unterdruck. Dadurch entsteht eine Kraft, die das Blatt nach oben zieht. Diese Kraft nennt man Auftrieb.

Wie aber fliegt ein Flugzeug? Die Schwerkraft, die auf alles, was sich auf der Erde befindet, wirkt, hält es am Boden fest. Doch hier kommt die Bewegung ins Spiel: Bevor ein Flugzeug abhebt, rollt es sehr schnell über die Startbahn. Dabei umströmt die Flügel des Flugzeugs viel Luft. Die Flügel funktionieren im Prinzip wie das Blatt: Sie sind auf der Oberseite ein wenig nach außen gewölbt, unten sind sie flach. Die Wölbung bewirkt, dass die Luft oberhalb der Flügel schneller als unterhalb strömt. So entsteht Auftrieb. Sobald das Flugzeug so schnell rollt, dass die Auftriebskraft stärker als die Schwerkraft ist, hebt es ab!

Das brauchst du

- 1 Handvoll Heu, trockenes Gras, Papierschnipsel, Stücke von Karton
- 1 großen flachen Stein als Unterlage
- 1 Lupe oder 1 Linse, die in der Mitte dicker ist als am Rand

Wie kann man ohne Streichholz oder Feuerzeug Feuer machen?

Stell dir vor, du bist unterwegs und möchtest Feuer machen. Doch du hast weder Streichhölzer noch ein Feuerzeug dabei. Die Sonne und eine Lupe helfen dir dabei! Weil Feuer sehr gefährlich sein kann, bitte unbedingt einen Erwachsenen, dir dabei zu helfen.

Mache dazu diesen Versuch

1. Sammele trockenes, leicht brennbares Material, zum Beispiel Heu oder trockenes Gras, Papierschnipsel oder Stücke von Karton.
2. Suche dir einen sonnigen Platz und lege das Material auf den Stein.

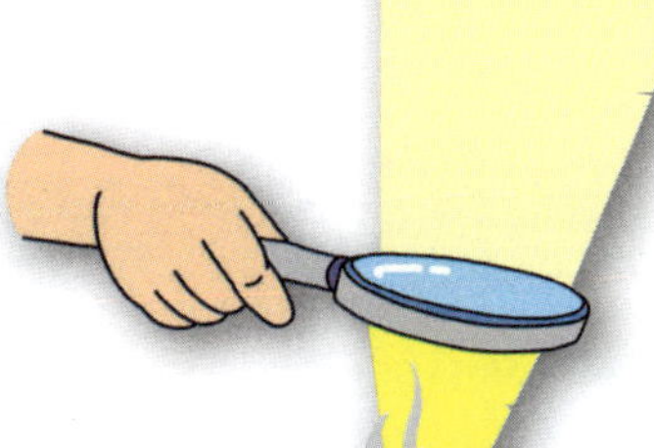

3. Halte die Lupe so über die Materialien, dass das Sonnenlicht auf die Linse fällt und die Linse einen hellen Punkt auf die Materialien wirft. Achte darauf, dass der Punkt möglichst klein ist.

4. Halte die Hand ruhig und warte.

Vorsicht!
Halte nie deine Hand oder ein anderes Körperteil unter eine Linse, wenn die Sonne darauf scheint!

Nach einer Weile fängt das Material zu qualmen an, dann bilden sich kleine Flammen und es brennt.

Das steckt dahinter

Licht besteht aus einzelnen Strahlen. Die Linse, durch die das Sonnenlicht fällt, bewirkt, dass diese Strahlen umgelenkt werden. Sie werden gebündelt, das heißt zusammengefasst. Du erkennst es daran, dass ein sehr heller Fleck entsteht, wenn Sonnenlicht durch die Linse fällt. Diesen Fleck nennt man Brennpunkt. Die Linse sammelt nicht nur die sichtbaren Lichtstrahlen. Auch wärmende Infrarotstrahlen, die du mit dem bloßen Auge nicht sehen kannst, werden in dem Brennpunkt zusammengefasst. Deshalb ist es am Brennpunkt so heiß, dass brennbare Materialien leicht Feuer fangen können.

Warum schwitzt du in einem dunklen T-Shirt?

Es ist ein heißer Sommertag, die Sonne scheint. Was ziehst du am besten an, damit dir nicht so warm wird – ein dunkles T-Shirt oder ein weißes T-Shirt? Mit unserem Experiment findest du es heraus!

Das brauchst du

- 2 gleich große leere Konservendosen
- 1 Blatt weißes und 1 Blatt schwarzes Papier
- Klebeband
- 1 Schere
- kühles Wasser

Mache dazu diesen Versuch

1. Umwickle eine Dose mit dem weißen Papier und klebe die Ränder mit einem Streifen Klebeband fest, sodass das Papier die Dose fest umhüllt. Schneide die überstehenden Ränder mit der Schere ab.

2. Dasselbe machst du mit der anderen Dose und dem schwarzen Papier.

3. Fülle in beide Dosen gleich viel Wasser: Achte darauf, dass der Abstand vom Wasserrand bis zum Dosenrand in beiden Dosen gleich groß ist.
4. Suche dir einen sonnigen Platz und stelle die Dosen in die Sonne. Warte einige Stunden.
5. Um die Temperatur zu testen, hältst du deine Finger zuerst in die weiße, dann in die schwarze Dose. In welcher Dose ist das Wasser wärmer?

Dunkle Sonnenkollektoren

Auch Sonnenkollektoren, die Wasser erwärmen, arbeiten mit der Farbe Schwarz: Auf vielen Hausdächern sind dunkle Rohre montiert, durch die Wasser geleitet wird. Die Sonne scheint darauf und erwärmt so das Wasser.

Das Wasser in der schwarzen Dose ist wärmer.

Das steckt dahinter !

Weiße und helle Flächen werfen den größten Teil des Sonnenlichts und der Wärmestrahlen zurück, das heißt sie reflektieren Strahlen. Schwarze und dunkle Flächen nehmen das Sonnenlicht und die Wärmestrahlen auf, sie absorbieren Strahlen. Kein Wunder also, dass ein schwarzes T-Shirt wärmer wird als ein weißes!

Was passiert, wenn Feuer keine Luft bekommt?

Das brauchst du

- 3 Teelichter
- 1 feuerfeste Unterlage
- 1 Stabfeuerzeug
- 3 verschieden große Gläser

Hast du eine Idee dazu? Finde es mit unserem Experiment heraus! Feuer kann sehr gefährlich sein. Deshalb bitte unbedingt einen Erwachsenen, dir dabei zu helfen.

Mache dazu diesen Versuch

1. Stelle die drei Teelichter auf eine feuerfeste Unterlage, zum Beispiel auf einen großen Stein.
2. Zünde sie direkt nacheinander mithilfe des Stabfeuerzeuges an.

3. Stülpe über jedes brennende Teelicht ein Glas.

4. Beobachte, wie lange die Flammen brennen.

Was passiert?

Das Teelicht, über das du das kleinste Glas gestülpt hast, wird immer kleiner und geht als erstes aus. Dann folgt das Teelicht mit dem mittelgroßen Glas und zuletzt erlischt das Teelicht unter dem größten Glas. Warum ist das so?

Achtung!
Die Gläser werden durch die Teelichter sehr heiß. Fasse sie daher nicht an!

Das steckt dahinter!

Um zu brennen, braucht Feuer Luft, genauer gesagt Sauerstoff. Sauerstoff ist ein Teil der Luft, die wir atmen. Wenn eine Kerze unter einem Glas steht, ist die Menge an Sauerstoff begrenzt. Sobald der Sauerstoff aufgebraucht ist, geht die Kerze aus. Dabei gilt: Je größer das Glas ist, umso mehr Sauerstoff ist in dem Glas enthalten und umso länger kann die Kerze brennen.

Das brauchst du

- 3 Teelichter
- 1 feuerfeste Unterlage
- 1 Stabfeuerzeug
- 1 Sprühflasche mit Wasser
- 1 großes Glas

Wie brennt Feuer und wie kann es gelöscht werden?

Ist doch klar: Um Feuer zu machen, braucht man etwas, was man anzünden kann! Und um es zu löschen, nimmt man Wasser. Doch das ist nicht alles! Feuer kann sehr gefährlich sein. Deshalb bitte unbedingt einen Erwachsenen, dir hierbei zu helfen.

Mache dazu diesen Versuch

1. Stelle ein Teelicht auf eine feuerfeste Unterlage, zum Beispiel auf einen großen Stein.
2. Zünde es mithilfe des Stabfeuerzeugs an.
3. Spritze mit der Sprühflasche Wasser auf das brennende Teelicht.

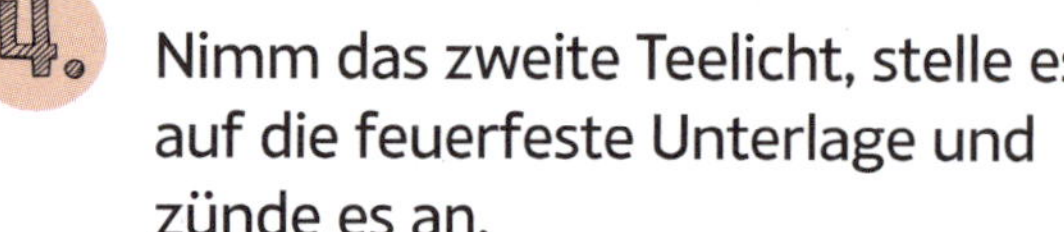

4. Nimm das zweite Teelicht, stelle es auf die feuerfeste Unterlage und zünde es an.

5. Stülpe das Glas über das Teelicht. Warte eine Weile.

6. Jetzt ist das dritte Teelicht an der Reihe: Stelle es auf die feuerfeste Unterlage, zünde es an und warte einige Stunden. Lasse das Feuer nie unbeaufsichtigt. Was passiert am Ende?

Das Teelicht, auf das du Wasser gespritzt hast, geht sofort aus. Das zweite Teelicht brennt trotz übergestülptem Glas noch eine Weile, dabei wird die Flamme immer kleiner und erlischt schließlich. Das dritte Teelicht erlischt nach mehreren Stunden von selbst.

Das steckt dahinter !

Damit Feuer brennen kann, braucht es drei Dinge: Wärme, Sauerstoff und Energie. Wenn man ein Feuer entzündet, hat es automatisch Wärme. Sauerstoff ist in der Luft. Energie bekommt das Feuer durch das Material, das es verbrennt, in unserem Fall Wachs. Was passiert, wenn man eines dieser Dinge wegnimmt?

Schüttet man Wasser auf die Flamme, kühlt es den Brand. Darüber hinaus verdrängt der Wasserdampf die Luft. Dadurch wird der Gehalt an Sauerstoff geringer. Weniger Wärme und weniger Sauerstoff – so löscht Wasser Feuer.

Stülpt man ein Glas über das Feuer, ist der Sauerstoff nach einer Weile verbraucht. Das Feuer geht aus.

Wenn der Brennstoff ausgeht, also die Energie, die das Feuer braucht, hat es kein „Futter" mehr und geht ebenfalls aus.

Woher weiß eine Sonnenuhr, wie spät es ist?

Komische Frage, die Sonnenuhr weiß es natürlich nicht! Mit dem Schatten, den der Zeiger einer Sonnenuhr wirft, kannst du die Zeit messen. Wie das geht, zeigt dir dieses Experiment! Wähle einen sonnigen Tag dafür aus und beginne am besten am Vormittag.

Das brauchst du

- 1 spitze Schere
- 1 Stück von einem Schwammtuch
- 1 großen Blumentopf mit einem Abzugsloch in der Mitte
- 1 langen Bambusstab
- Füllmaterial für den Blumentopf, zum Beispiel Steine, Sand oder Blähton
- 1 Wasserwaage
- 1 wasserfesten Stift
- 1 Uhr

Mache dazu diesen Versuch

1. Wähle einen Platz im Garten oder auf dem Balkon aus, der möglichst den ganzen Tag in der Sonne ist.
2. Bitte einen Erwachsenen, mit der Schere ein Loch in die Mitte des Schwammtuchs zu bohren.
3. Nimm den Blumentopf und lege das Stück von dem Schwammtuch auf das Loch in der Mitte.
4. Stecke den Stab durch das Schwammtuch-Loch in das Loch des Topfes und lege rund um den Stock als Füllmaterial große Steine, die den Stab möglichst senkrecht halten.

5. Fülle den Topf mit den weiteren Füllmaterialien bis etwa drei Zentimeter unter dem Rand auf.

6. Richte den Stab mithilfe der Wasserwaage senkrecht aus.

7. Jetzt kommt der Moment, an dem du den Topf mit dem Stock in eine Sonnenuhr verwandelst: Warte, bis eine Stunde voll ist, und nimm dann den Stift. Wenn es zum Beispiel 10 Uhr ist, markierst du den Rand des Topfes an der Stelle, auf die der Schatten des Stockes fällt, mit einem Strich. Schreibe auf die Außenseite eine 10 oder bitte einen Erwachsenen, die Zahl zu schreiben.

Woher weiß eine Sonnenuhr, wie spät es ist?

Jetzt heißt es eine Stunde warten. Dann markierst du wieder den Rand mit einem Strich und schreibst eine 11 auf die Außenseite.

Wenn du zu jeder vollen Stunde den Topf an der Stelle, wo sich der Schatten des Stockes befindet, markierst und die Uhrzeit dazu notierst, hast du am Ende des Tages eine Sonnenuhr!

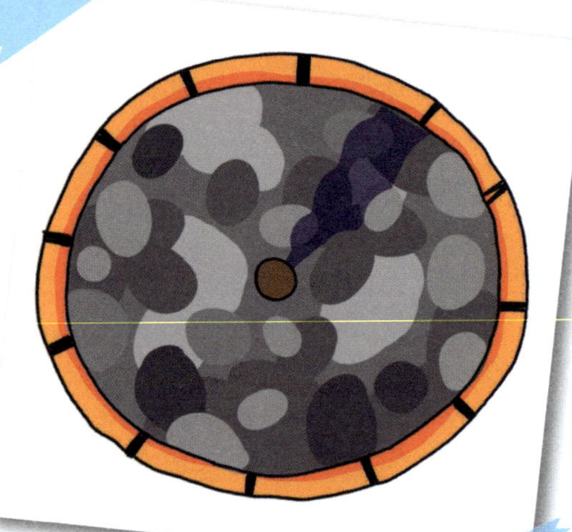

Zeit messen mit der Sonne, Wasser und Sand

Schon die alten Ägypter wollten wissen, wie spät es ist und maßen die Zeit mithilfe der Sonne. Die älteste Sonnenuhr fanden Archäologen im Tal der Könige. Dort wurden vor rund 3000 Jahren viele Pharaonen begraben.

Doch was benutzte man, wenn das Wetter schlecht war, oder in der Nacht, wenn die Sonne nicht schien? Dafür entwickelten die Menschen zur Zeit der alten Griechen und Römer, also vor mehr als 2000 Jahren, Wasseruhren. Wasseruhren arbeiten mit zwei Behältern. Sieht man nach, wie viel Wasser in einer bestimmten Zeit von einem in den anderen Behälter geflossen ist, kann man nicht nur feststellen, wie viel Zeit vergangen ist, sondern auch, wie spät es ist. Im Mittelalter, also zur Zeit der Ritter vor rund 700 Jahren, wurden Sanduhren entwickelt. Die Sanduhr ist noch heute in Gebrauch: Um zu kontrollieren, dass die Zähne ausreichend lange geputzt werden, stehen in manchen Bädern Sanduhren, die die Zeit messen.

Das steckt dahinter 

Die Erde braucht, um sich einmal um sich selbst zu drehen, 24 Stunden, also einen Tag. Auf der Seite, auf der die Sonnenstrahlen gerade auf die Erde treffen, ist Tag. Wenn bei uns Nacht ist, ist auf der gegenüberliegenden Seite der Erde Tag. Am Morgen kommen die ersten Sonnenstrahlen flach von Osten, am Mittag steht die Sonne im Süden hoch am Himmel, am Abend fallen die Sonnenstrahlen flach von Westen auf die Erde. Weil sich also der Stand der Sonne im Lauf des Tages ändert, wechselt auch der Schatten deiner Sonnenuhr seine Position. Wenn du die Positionen zu einer bestimmten Uhrzeit markierst, hast du eine Sonnenuhr!

Wie kann man Lebensmittel draußen kühl aufbewahren?

Im Haus hast du einen Kühlschrank. Aber draußen? Bau einen Natur-Kühlschrank und lerne dabei, wie man Kälte speichern kann.

Das brauchst du

- 1 Tontopf mit etwa 36 Zentimeter Durchmesser
- 1 großen Kieselstein
- Sand
- 1 Tontopf mit etwa 30 Zentimeter Durchmesser
- 1 kleine Schaufel
- 1 Gießkanne
- kaltes Wasser
- 1 helles Geschirrtuch
- 1 Thermometer

Mache dazu diesen Versuch

1. Lege auf das Abzugsloch des großen Tontopfs einen Kieselstein und fülle etwa drei Zentimeter hoch Sand ein.

2. Stelle den kleineren Tontopf auf den Sand. Sind beide Tontöpfe gleich hoch? Wenn nicht, fülle so viel Sand nach, dass die Kanten der Tontöpfe, wenn man sie ineinander stellt, auf der gleichen Höhe sind und der kleine Tontopf in der Mitte steht.
3. Fülle mit der Schaufel Sand in den Zwischenraum zwischen den Töpfen, bis er rundum aufgefüllt ist.

4. Gib mit der Gießkanne kaltes Wasser auf den Sand. Dabei senkt sich die Sandschicht. Fülle Sand nach und gieße so viel Wasser dazu, bis die Tontöpfe und der Sand vollgesogen sind.

5. Jetzt ist der Deckel an der Reihe. Dazu feuchtest du ein helles Geschirrtuch mit kaltem Wasser an und legst es auf die Tontopf-Konstruktion – fertig ist der Naturkühlschrank!

6. Nun kannst du deine Getränke, Obst und alles, was du kühlen willst, hineinstellen.

Tipp

Am besten ist die Kühlwirkung, wenn der Topf an einem warmen, zugigen Ort steht. Dann verdunstet das Wasser schneller und wird immer wieder abtransportiert, sodass neues Wasser verdunsten kann. Wichtig ist, dass du immer genügend Wasser nachfüllst.

Kontrolliere nach einer halben Stunde mit dem Thermometer die Temperatur im Topf. Was stellst du fest? Im Tontopf ist es einige Grad kühler als draußen.

Das steckt dahinter

Das Wasser, das sich zwischen den Sandkörnern und in den Tontöpfen befindet, verdunstet. Dabei entzieht es der Luft und den Lebensmitteln im Tontopf Wärme. Die Temperatur in dem Hohlraum, in dem du die Lebensmittel aufbewahrst, sinkt.

Wie bleiben Füße im Winter schön warm?

Ist dir im Winter manchmal an den Füßen kalt, wenn du draußen spielst? Dann hilft eine Sohle in den Schuhen. Welche Art Sohle hält deine Füße am besten warm? Probiere es aus!

Das brauchst du

- 1 helles Stück Filz, etwa 30 x 30 Zentimeter groß
- 1 Bleistift
- 1 Schere
- Alufolie
- Klebestift
- 1 Paar Hüttenschuhe oder geschlossene Hausschuhe

Mache dazu diesen Versuch

1. Zuerst bastelst du dir ein Paar Sohlen. Stelle nacheinander deine Füße auf den Filz und umrande sie mit dem Bleistift.
2. Schneide die beiden Sohlen entlang der Linien aus – fertig!

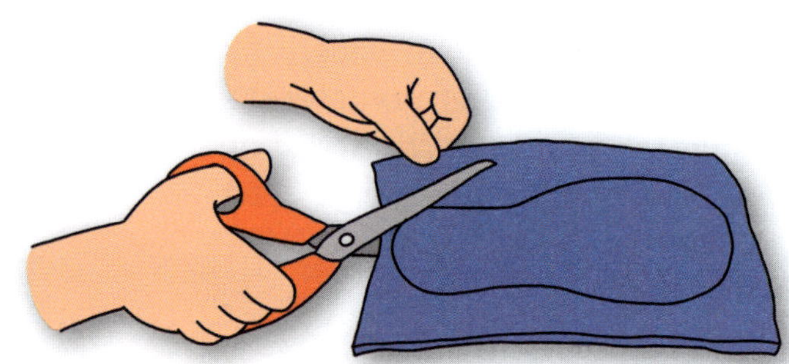

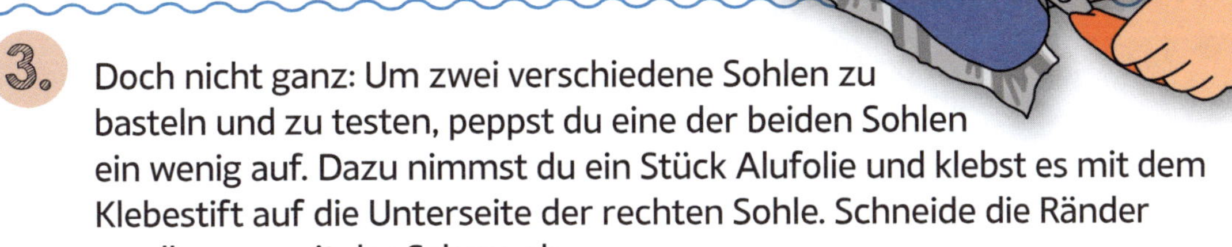

3. Doch nicht ganz: Um zwei verschiedene Sohlen zu basteln und zu testen, peppst du eine der beiden Sohlen ein wenig auf. Dazu nimmst du ein Stück Alufolie und klebst es mit dem Klebestift auf die Unterseite der rechten Sohle. Schneide die Ränder rundherum mit der Schere ab.

4. Lege nun die beiden Sohlen in die Hütten- oder Hausschuhe. Achte bei der Sohle mit der Alufolie darauf, dass die Alu-Seite unten ist.

5. Behalte die Schuhe mit den verschiedenen Sohlen eine Weile an.

Spürst du einen Unterschied? Der rechte Fuß mit der Filz-Aluminium-Sohle ist wärmer als der linke Fuß! Warum?

Das steckt dahinter!

Filz ist ein Stoff, der aus gepressten Fasern, Naturfasern oder Kunstfasern besteht. Entscheidend ist die Verarbeitung: Beim Filz sind die Fasern nicht gewebt, sondern verfilzt, das heißt ungeordnet ineinander verschlungen. Deshalb speichert Filz besonders viel Luft. Die Luft isoliert den Körper und sorgt dafür, dass er seine Temperatur behält. Doch warum hält die Filzsohle mit der Aluminium-Beschichtung besser warm als die Filzsohle ohne Aluminium? Das Aluminium reflektiert die Wärmestrahlen, die dein Fuß aussendet. Es strahlt sie also zurück auf deinen Fuß und hält ihn dadurch besonders warm.

Das brauchst du

- 1 große Plastikschüssel oder Plastikwanne
- Wasser
- 1 Gummiente oder anderes (Sand-)Spielzeug, das nass werden darf
- 1 Gefrierbeutel

Warum sehen Dinge unter Wasser größer aus als an der Luft?

Ist dir das auch schon aufgefallen? Wenn du mit deinen Füßen in einen See gehst, sieht es aus, als hätten sie an der Stelle, wo das Wasser anfängt, einen Knick! Und nicht nur das – sie sehen unter Wasser auch größer und kürzer aus! Woran liegt das? Unser Experiment führt dich auf die richtige Spur!

Mache dazu diesen Versuch

1. Fülle die Plastikschüssel mit Wasser. Halte deine Füße oder deine Hände hinein und probiere es auch mit ein paar Spielzeugen aus. Richtig – alles sieht größer aus. Das Wasser ist wie eine Lupe!

2. Für das Experiment füllst du nun den Gefrierbeutel mit ein wenig Wasser.

3. Verknote den Gefrierbeutel, damit das Wasser nicht auslaufen kann, und drücke ihn flach.

4. Halte dann den Gefrierbeutel mit dem Wasser über einen Gegenstand und schaue durch die Tüte hindurch.

Durch die „Wassertüte" sieht alles größer aus!

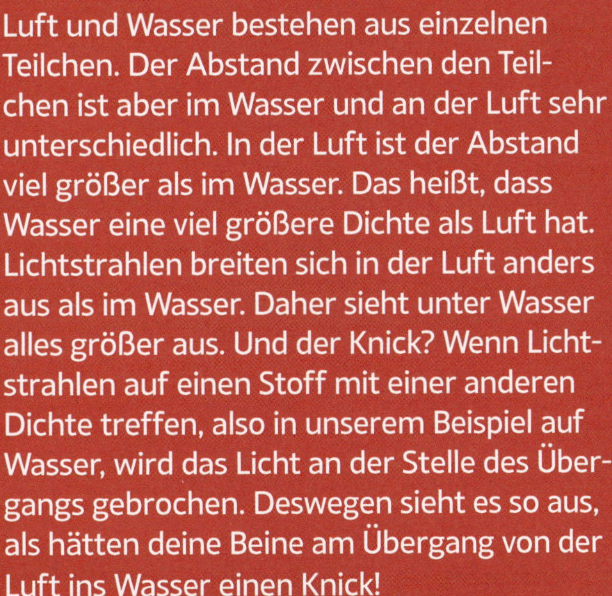

Das steckt dahinter !

Luft und Wasser bestehen aus einzelnen Teilchen. Der Abstand zwischen den Teilchen ist aber im Wasser und an der Luft sehr unterschiedlich. In der Luft ist der Abstand viel größer als im Wasser. Das heißt, dass Wasser eine viel größere Dichte als Luft hat. Lichtstrahlen breiten sich in der Luft anders aus als im Wasser. Daher sieht unter Wasser alles größer aus. Und der Knick? Wenn Lichtstrahlen auf einen Stoff mit einer anderen Dichte treffen, also in unserem Beispiel auf Wasser, wird das Licht an der Stelle des Übergangs gebrochen. Deswegen sieht es so aus, als hätten deine Beine am Übergang von der Luft ins Wasser einen Knick!

Glossar

absorbieren: aufnehmen. Licht, das auf einen Gegenstand fällt, wird zu einem Teil aufgenommen, also absorbiert. Das Gegenteil von absorbieren ist reflektieren.

Auftrieb: Wenn der Druck von oben geringer ist als der Druck von unten, dann entsteht Auftrieb. Der Auftrieb bewirkt, dass Schiffe im Wasser nicht untergehen und Flugzeuge in die Luft steigen und fliegen können.

Bakterium, pl. Bakterien: einzellige Lebewesen. Bakterien sind die einfachste Lebensform auf der Erde. Auf einem daumengroßen Stück Haut befinden sich rund 100 Bakterien. Man schätzt, dass es hunderttausende Bakterienarten gibt.

Energie: Kraft, die etwas bewirken kann

Gas: beschreibt einen Zustand. Es gibt drei Zustände: fest, flüssig und gasförmig. Wasser ist nicht nur flüssig, es kann auch fest sein, also Eis. Du kennst es auch im gasförmigen Zustand in Form von Dampf oder Wolken.

gefrieren: Ein flüssiger Stoff, zum Beispiel Wasser, wird fest, also Eis. Diesen Vorgang nennt man gefrieren. Das Gegenteil von gefrieren ist schmelzen.

keimen: Samen beginnen zu wachsen, sie bilden eine Wurzel und einen Trieb. Diesen Vorgang nennt man keimen.

Kohlendioxid / Kohlenstoffdioxid: Kohlendioxid ist ein unsichtbares Gas. Es entsteht, wenn etwas verbrennt. Wenn Pflanzen atmen, verwandeln sie Kohlendioxid in Stärke und Sauerstoff. Die Abkürzung für Kohlendioxid ist CO_2. Nur 0,04 Prozent der Luft besteht aus Kohlendioxid.

Kristall: ein harter Körper, bei dem die kleinsten Teile regelmäßig angeordnet sind. Kochsalz, Zucker, Eis, Schnee und Metalle sind Kristalle.

Licht: eine Form von Energie, die sich wellenförmig ausbreitet. Es gibt verschiedene Formen von Energie-Wellen. Die Wellen, die man sehen kann, werden Licht oder Lichtstrahlen genannt.

Linse: eine lichtdurchlässige Scheibe, bei der mindestens eine Seite gekrümmt ist. Wenn Licht durch eine Linse fällt, werden die Lichtstrahlen umgelenkt.

Luftdruck: Überall um uns herum ist Luft. Luft hat ein Gewicht und drückt daher auch auf Gegenstände.

Nährstoffe: Stoffe, die Lebewesen zum Überleben und Wachsen benötigen.

reflektieren: zurückwerfen. Wellen, zum Beispiel Schallwellen oder Lichtwellen, werden zurückgeworfen, also reflektiert. Das Gegenteil von reflektieren ist absorbieren.

Sauerstoff: Sauerstoff ist eines der Elemente, die in der Luft vorkommen. 20 Prozent, also ein Fünftel der Luft, besteht aus Sauerstoff. Menschen und Tiere brauchen Sauerstoff zum Atmen. Die Abkürzung für Sauerstoff ist O.

Schallwellen: Wenn ein Gegenstand, zum Beispiel eine Trommel, in Schwingung versetzt wird, bewegt sich auch die umgebende Luft. Diese Bewegungen sind wellenförmig und werden als Geräusche wahrgenommen.

schmelzen: Ein fester Stoff, zum Beispiel Eis, wird flüssig. Diesen Vorgang nennt man schmelzen. Das Gegenteil von schmelzen ist gefrieren.

Schwerkraft: Kraft, die dafür sorgt, dass auf der Erde alle Gegenstände nach unten fallen.

Segment: Abschnitt bei dem Körper bestimmter Tiergruppen

sickern: langsam fließen

Sog: Kraft, die etwas ansaugt

Stärke: Stoff, in dem Pflanzen Energie speichern

Steckling: Trieb einer Pflanze, der abgeschnitten und in Substrat eingesetzt wird, um Wurzeln und damit eine neue Pflanze zu bilden

Strahl: Licht besteht aus verschiedenfarbigen Strahlen.

Substrat: Material, auf oder in dem eine Pflanze lebt und wächst

Trieb: Teil der Pflanze, der nach oben wächst

verdunsten: Eine Flüssigkeit, zum Beispiel Wasser, erwärmt sich und steigt in kleinen Teilen in die Luft auf, es wird also gasförmig. Solange die Flüssigkeit nicht kocht, nennt man den Vorgang verdunsten.

Wölbung: Krümmung

Zelle: kleinster Baustein, aus denen Lebewesen bestehen. Bakterien bestehen nur aus einer Zelle. Die allermeisten Lebewesen, also auch wir Menschen, bestehen aus vielen Millionen verschiedener Zellen.

Register

Bildnachweis

Bildnachweis

Shutterstock.com: Aleksandar Dickov 1, Artsaba Family 6, L. M. Dunn 8, KRIACHKO OLEKSII 10, malshkoff 12, MEE KO DONG 14, chonlasub woravichan 16, daizuoxin 18, Tohuwabohu1976 20, Tatevosian Yana 22, Switlana Sonyashna 24, Mehriban A 28, funnyangel 30, Jaclyn Vernace 32, Maryna Pleshkun 36, Johan Swanepoel 38, Henrik Larsson 40, photographyfirm 42, AvishekS 44, Africa Studio 46, 102, Andras Pal 48, varuna 50, Yousef Abuaisheh 54, Ingrid Balabanova 56, Jaroslav Bartos 58, Evgeniy Medvedev 60, Tigor-Inok 62, nanrinal 64, Avigator Fortuner 66, Colorshadow 68, ecwo 70, Slatan 72, Robert Kneschke 74, andreiuc88 76, Rainer Fuhrmann 80, PetraJPhoto 82, Thitisan 84, Claire Lucia 86, muratart 88, koodesnica71 90, Pixel-Shot 92, Sornkom Amparat 94, LNataly 96, Nick Andros 98, Yuganov Konstantin 104, Kanchana P 106, Katerina Davidenko (Doodles), artnLera (Doodles)

Experimentiere dich schlau!

Spannende Experimente in der Natur oder zu Hause sorgen für Spaß und erklären nebenbei naturwissenschaftliche Phänomene des Alltags. Altersgerechte Anleitungen und anschauliche Illustrationen ermöglichen es den Kindern, alle Experimente spielend leicht nachzumachen.

112 Seiten, ab 8 Jahren
ISBN 978-3-8174-4289-8

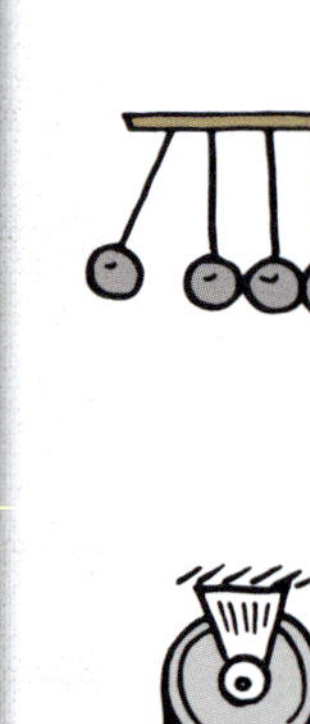

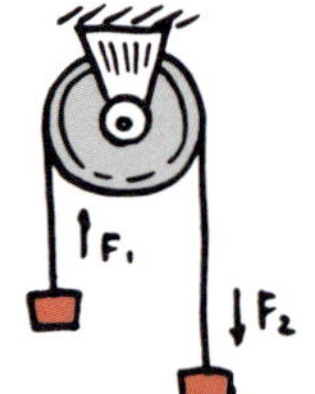

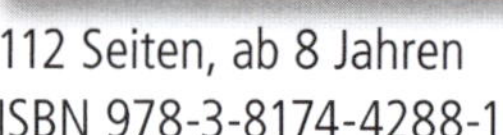

112 Seiten, ab 8 Jahren
ISBN 978-3-8174-4288-1

112 Seiten, ab 5 Jahren
ISBN 978-3-8174-4285-0

112 Seiten, ab 8 Jahren
ISBN 978-3-8174-4290-4